图解 篮球个人技术：
运球训练70项

李成名 杜祥 编著

人民邮电出版社
北京

图书在版编目（CIP）数据

图解篮球个人技术. 运球训练70项 / 李成名，杜祥
编著. —— 北京 ：人民邮电出版社，2020.9
ISBN 978-7-115-54319-6

Ⅰ. ①图… Ⅱ. ①李… ②杜… Ⅲ. ①篮球运动－运
球－图解 Ⅳ. ①G841.19-64

中国版本图书馆CIP数据核字（2020）第111267号

免责声明

内 容 提 要

本书分4章介绍了篮球运球的专业知识。首先讲解了运球技术的基本常识，使初学者对运球有一
个初步的认识；然后将运球动作按照从易到难的顺序分为3章，分别是运球的初级动作、运球的中级
动作和运球的高级动作。

本书采用高清的动作步骤图片，从连贯动作到局部细节，从篮球的运动轨迹到球员的动作方向
等多层面讲解关键技术。通过阅读本书，读者可以快速了解运球的基础知识和训练技巧，使运球技
术得到循序渐进的提升。

◆ 编　　著　李成名　杜　祥
　　责任编辑　裴　倩
　　责任印制　周昇亮

◆ 人民邮电出版社出版发行　　北京市丰台区成寿寺路 11 号
　　邮编　100164　　电子邮件　315@ptpress.com.cn
　　网址　https://www.ptpress.com.cn
　　固安县铭成印刷有限公司印刷

◆ 开本：700×1000　1/16
　　印张：9.5　　　　　　　　　　2020 年 9 月第 1 版
　　字数：248 千字　　　　　　　　2025 年 11 月河北第 18 次印刷

定价：58.00 元

读者服务热线：(010)81055296　印装质量热线：(010)81055316
反盗版热线：(010)81055315

李成名

毕业于北京体育大学篮球训练专业，欧帝体育联合创始人、CEO。国家二级篮球运动员，中国篮协高级教练员，北京市篮协A级教练员，国家级篮球裁判，执裁于全国男子NBL联赛和全国女子WCBA联赛。国内首批篮球训练师，曾担任五方特训中心特训部主管，训练过刘晓宇、韩硕、高颂、王子瑞等知名男、女篮国家队选手及CBA联赛球员。另有NSCA–CSCS及FMS功能动作筛查认证。

杜祥

毕业于北京体育大学篮球训练专业，欧帝体育联合创始人、教学总监。国家一级篮球运动员，曾入选黑龙江省青年篮球队，并先后效力于NBL联赛郑州大运队、拉萨净土队和北京东方雄鹿队。中国篮协高级教练员，北京市篮协A级教练员，李宁篮球学院青训师，职业篮球特训师，曾带领欧帝青少年篮球俱乐部队伍（U10及U12）多次获得小篮球联赛分区赛冠军及北京市小篮球联赛总决赛季军。

在线视频访问说明

本书提供部分运球动作视频，您可以通过微信中"扫一扫"的功能，扫描本页的二维码进行观看。

步骤1：点击微信聊天界面右上角的"+"，弹出功能菜单（如图1所示）。

步骤2：点击弹出的功能菜单中的"扫一扫"进入功能界面，扫描本页的二维码。

步骤3：如果您未关注"人邮体育"公众号，在第一次扫描后会出现"人邮体育"的二维码（如图2所示）。关注"人邮体育"公众号之后，点击"资源详情"（如图3所示）即可观看教学视频。

如果您已经关注了"人邮体育"微信公众号，扫描后可以直接观看教学视频。

图1

图2

图3

注：本书提供的视频仅供参考，并不与书中内容完全配套。若视频示范与本书内容有出入，并不代表视频或本书内容有误，只是提供了不同的练习方法。请读者根据实际情况自行选择进行训练。

目录 CONTENTS

第 1 章 运球技术的基本常识

第 2 章 运球的初级动作

第 3 章 运球的中级动作

第 4 章 运球的高级动作

第 1 章
运球技术的基本常识

在正式练习之前，首先要了解运球技术的基本常识。这些常识主要包括运球的作用、运球在哪种情况下有效以及运球的要点。

运球的基础知识

运球在篮球运动中是非常重要的技术，不看球进行连续拍球，是成功运球的第一步。运球是迅速改变篮球的方向和运动速度的重要武器。

 关于运球

熟练的球员不仅会通过运球打开局面，还能协助完成决定性的投篮。而目标不明确的运球则会扰乱团队的进攻节奏。所以如果在运球时能够明确目标，并在必要范围内尽量少地运球，运球将会成为非常有效的武器。一般来说，队伍的打法节奏越慢，运球次数可能越多。

 运球在哪种情况下有效

① 将球运至前场。

速度快是避免失误的重要运球方法。注意在运球过程中尽量保证球不被对手抢走。

② 改变传球方向。

传球遇到对方防守球员阻拦时，特别是在背打的情况下，经常用到运球技术，以改变传球路径。

③ 从危险的场所逃出。

在遇到两人以上的拦截或者从底角逃脱出去的情况时，常用到运球技术。

④ 进攻左右边转换。

在从左右边转换进攻或者从三分线以外进入三分线以内时使用运球技术非常有效。

⑤ 突破防守间隙。

运球技术对于突破区域防守来说非常有效。

通过快速运球，穿过对方两名防守球员之间的间隙，投篮得分。

⑥ 带球突破（突破防守）。

在对方只有一名防守球员阻拦时，可以通过迅速、有力的运球来突破，急性进攻投篮。

有效运球流程

① 将球运至前场 → ② 改变传球方向 → ③ 从危险的场所逃出

④ 进攻左右边转换 → ⑤ 突破防守间隙 → ⑥带球突破（突破防守）

运球的要点

在运球的过程中，有很多事项需要注意。在运球前，提前了解需注意的事项可以很好地避免不利情况的发生。

 运球过程中的注意要点

运球一般有两种方法，分别是控制运球和突破运球。控制运球是比赛中基本的运球打法，常在不断发起进攻时使用。突破运球是在比赛中常用的运球打法，常在遇到对方防守球员阻拦时使用。

如果在比赛中想发挥运球的作用，不管采用哪种运球方法，首先需要做到在运球时不低头看球。同时，手部对篮球的控制和腿部的运动应该是一体的。步法和手部动作的连续性是非常关键的。

掌握好变速和变向在比赛中是很重要的，这指的是在转变方向和改变速度时动作要迅速。

 练习时的注意要点

运球技术与其他的篮球技术一样，都需要全队成员熟练掌握每个动作技巧。

我们有时候可以看到一支队伍有个别队员的技术水平比较高，而全队的总体水平却比较弱。所以，球队实力的提升要靠全体成员的共同努力。

一般来说，队伍整体实力的强弱与运球次数的多少有关。通常运球次数越少，队伍整体实力就越强。所以要时刻记住，在没有明确目的时应尽量减少运球。

运球技术的基本常识

运球的初级动作

运球的中级动作

运球的高级动作

第 2 章
运球的初级动作

运球是篮球比赛中非常重要的进攻技术。不仅适用于个人进攻，还适用于全队进行战术配合。有目的的运球可以突破防守、发动进攻、调整位置、寻找合适的机会进行传球和投篮。

运球技术的基本常识

运球的初级动作

运球的中级动作

运球的高级动作

运球的初级动作

练习
01

基本运球姿势

重要度 ★★★★★

难度水平 ★

场地 不限场地

简介 运球是球员在原地或移动中，用单手连续拍按由地面反弹起来的球的基本动作。

持球姿势

正视

只用大拇指的第一关节、其余四指的第一、二关节接触球。

侧视

掌心不要接触球。

持球姿势是将手掌张开，用手指和掌沿触球，手指覆盖篮球的面积越大，对球的控制效果就越好。注意掌心不触球，右手的食指要放在球的中间，手掌向右偏一点。

拍球姿势

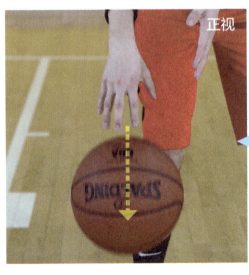

正视

侧视

运球姿势是以腕关节为轴，用手腕和手指的力量运球。运球时，手需要随球上下迎送，尽量延长控制球的时间，这样有利于保护球并根据场上情况改变动作。

运球的基本站姿

不要低头，视线放远，尽量看到全场的情况。

侧视

右手掌心朝下，五指张开，掌心不要接触球。

身体略微前倾，背部挺直。

膝盖微屈，重心下移。

运球技术的基本常识

运球的初级动作

运球的中级动作

运球的高级动作

技术解说

　　运球有很多种技术，如"胯下运球""背后运球"等，但是所有的动作都是由一个基本动作发展而来的。"基本运球"就是这样的基本动作。在远离对方防守球员的位置，一边观察周围，一边准备下一次进攻。需要注意的是，运球时双眼不要看着球，重心要下移，在身体两侧拍球。

运球的基本动作

注意不要低头看球。

两脚间距略宽于肩。

右手向下运球。

1 准备姿势

2 运球过程 a

练习步骤

① 双脚分开，两脚之间的距离略宽于肩，膝盖弯曲，重心下移。双手持球，右手掌心朝下，左手掌心朝右，将篮球置于身体右侧，目视前方。

② 右手持球，以右手腕为轴，用手腕和手指的力量向下运球，左手在体前护球。

右手接球。

右手继续向下运球。

3 运球过程 b

4 运球过程 c

练习步骤

③ 篮球接触地面后，向上弹起，右手接球，双脚保持不动。

④ 右手继续向下运球。

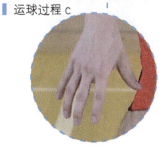

运球过程中，手腕和手指力度的大小会影响篮球弹起的高度。

运球技术的基本常识

运球的初级动作

运球的中级动作

运球的高级动作

运球的初级动作

练习 02 无防守运球

重要度 ★★★★

难度水平 ★

场地 **半场**

简介 无防守运球是指在离对方防守球员较远的位置进行运球。在运球时要注意观察四周，以随时准备进攻。

■ 准备姿势 1

■ 运球过程 a 2

练习步骤

① 两人一组进行训练，球员 A 一脚在前，一脚在后，膝盖弯曲，重心下移，双手掌心相对持球，将篮球置于体前，站在远离防守球员 B 的位置。防守球员 B 双脚分开、与肩同宽，站在篮筐下，双手张开准备阻拦。

② 球员 A 左脚向前迈一步，同时右手持球，在身体右侧运球，左手置于体前护球。

③ 继续向限制区线方向运球，运球时尽量将视线放远，便于观察全场的情况。

■ 运球过程 b 3

右手持球，
向下运球。

■ 运球过程 c

■ 运球过程 d

练习步骤

④ 到达限制区线后，与防守球员 B 保持一定距离，球员 A 右手持球，向下运球。

⑤ 防守球员 B 保持防守姿势不动，球员 A 在运球的同时观察情况准备突破防守，进行投篮。

知识点

体前运球

体前运球时，篮球非常容易被对方防守球员抢走。所以运球时应尽量保证球在身体两侧。

注：该练习的参考视频示范的是球员 A 距球员 B 位置较远，球员 A 直接运球突破。在练习时是否采用原地运球的方式应视实际情况而定。

运球的初级动作

重要度 ★★★★

难度水平 ★★

场地 **不限场地**

练习 03 有防守运球

简介 有防守运球是指当对方防守球员位于自己近距离范围内时，身体侧对防守球员，在远离防守球员的一侧进行运球。该方式可以同时利用不拍球的手臂阻拦防守球员以护住球。

1 准备姿势

2 运球过程 a

在防守球员一侧手臂上抬以护住球。

在远离防守球员的一侧运球。

3 运球过程 b

4 运球过程 c

练习步骤

① 两人一组进行训练，球员 A 与防守球员 B 双脚分开至略宽于肩，膝盖微屈，重心下移。球员 A 双手持球，将篮球置于体前，身体侧对防守球员 B。防守球员 B 双臂张开，进行阻拦。

② 球员 A 右手持球，在身体右侧运球，左手上抬以挡住防守球员 B，用这一姿势护住球。

③ 球员 A 右手接住从地面弹起的篮球，并观察防守球员 B 的反应。

④ 球员 A 继续原地运球，同时注意观察情况，准备随时发起进攻。

注：该练习的参考视频所演示的为持球后的直接运球动作，练习时请参考练习步骤 1 持球后再开始运球。

5

运球过程 d

练习步骤

⑤ 球员 A 继续在身体右侧运球，保持身体微微前倾，背部挺直。左臂保持上抬，护住球。

⑥ 根据防守球员 B 的反应，判断下一步应该投篮、传球还是跑向篮筐下。

6

运球过程 e

教练提示

　　在身体一侧运球时，注意控制手臂的力度，以保持篮球运动的稳定，方便控制篮球的方向。背部始终保持挺直，如果背部没有保持挺直，身体容易向前倾斜、失去平衡，这样很难迅速进行下一步的动作。

运球技术的基本常识

运球的初级动作

运球的中级动作

运球的高级动作

运球的初级动作

练习 04

有防守快速运球

重要度 ★★★★

难度水平 ★★

场地 **半场**

简介 有防守快速运球是通过快速运球来避开防守的一种方式。球员可以快速地运球至篮筐下直接进行投篮。

1 **准备姿势**

2 **运球过程 a**

练习步骤

① 球员A与防守球员B左脚在前，右脚在后，膝盖弯曲，重心下移。球员A双手持球，将篮球置于体前。站在远离防守球员B的限制区线外，防守球员B双手握拳，准备追赶。

② 球员A右脚向前迈出一大步，右手持球，运球前进，防守球员B向前追赶。

③ 保持重心下移，球员A继续迈大步运球前进，甩开防守球员B。

3 **运球过程 b**

练习 05 食指运球

简介 食指运球训练一个人也可以完成，运球时只用到食指的指腹部分。练习中要注意感受运球时指腹的感觉。

1 准备姿势

用右手食指的指腹向下运球。

2 运球姿势

练习步骤

① 双脚分开至与肩同宽，膝盖微屈。右手掌心朝下，左手掌心朝右，将篮球置于身体右侧。

② 右手的手肘和手腕不发力，用食指运球。

教练提示

注意球只与食指的指腹（手指头上数第一关节以上腹侧的部分）相接触。

运球的初级动作

练习 06 指尖运球

重要度 ★

难度水平 ★

场地 **不限场地**

简介 指尖运球是指五指张开，手指像抓住篮球一样的运球方式。用五指的指腹一起运球，这也更接近实际比赛的场景。

注意不要低头看球。

1 ▎准备姿势

用右手五指的指尖向下运球

2 ▎运球姿势

练习步骤

① 双脚分开至与肩同宽，膝盖微屈，重心落于两脚之间。右手掌心朝下，左手掌心朝右，将篮球置于身体右侧。

② 身体略微前倾，背部挺直，用右手五指的指尖向下运球。

五指张开，用手指的指腹向下运球，注意控制手指的力度。

运球技术的基本常识

运球的初级动作

运球的中级动作

运球的高级动作

运球的初级动作

练习 07 对墙运球

 场地 | 有适合投掷篮球的墙壁的地方

简介 一个人对墙练习，像指尖运球一样，只用指腹拍球，手腕放松，可以同时锻炼手腕。

1 ▌准备姿势

练习步骤

① 右手屈肘向上持球，在墙壁前站立。

② 面向墙壁拍球，要有节奏地连续拍球。

只有指腹接触篮球。

2 ▌运球姿势

知识点

力度控制

同样是面对墙壁的练习，"对墙投球"和"对墙运球"时手指用力的感觉是不同的，要用心体会。当然，要仔细确认该墙壁适合投掷篮球之后再开始练习。

教练提示

该练习的要点是快速且有节奏地运球。这需要手掌以及五指的指腹有意识地控制篮球。通过该训练，球员可以更好地掌握运球的技巧。

注：该练习视频中示范的是以左手练习对墙运球，以右手练习的动作要点与此相同。

运球的初级动作

练习 08

三点运球

场地 不限场地

简介 三点运球是在身体的右侧、下方和左侧3个点进行运球的一种方式，俯视时篮球的运动轨迹呈"8字形"。其目的是使球员无论在哪个位置都能够自由运球。

1

▌运球过程 a

2 落球点

▌运球过程 b

3

▌运球过程 c

4 落球点

▌运球过程 d

练习步骤

① 双脚分开至略比肩宽，膝盖微屈，右手在身体右侧向下运球。

② 右手将篮球从身体前方传向后方，使其经过胯下，左手接球。

③ 左手接到球后，在身体左侧向下运球。

④ 左手将篮球从身体前方传向后方，使其经过胯下，右手接球。

教练提示

注意在整个运球的过程中，运球的动作要连贯，在熟练掌握之前，可以在原地多拍几次球，然后再将球传到另一只手上。

运球的初级动作

重要度 ★★
难度水平 ★★
场地 **不限场地**

练习
09

一点运球

简介　一点运球与三点运球大致相同，其目的是将球从右手运到左手，再从左手运到右手。运球的落点要固定在两腿之间地面的一点。

1 ▌ 准备姿势

2 落球点 ▌ 运球过程 a

3 ▌ 运球过程 b

4 落球点 ▌ 运球过程 c

运球技术的基本常识

运球的初级动作

运球的中级动作

运球的高级动作

练习步骤

① 双脚分开至略比肩宽，膝盖微屈，右手持球并将其置于身体右侧。

② 右手将篮球从身体前方传向后方，使其经过胯下，左手接球。

③ 左手接到球后，向前运到身体左侧。

④ 左手将篮球从身体前方传向后方，使其经过胯下，右手接球。

知识点

动作连贯

在进行一点运球时要尽量提高运球速度，缩短手与篮球接触的时间，整个过程动作要连贯。

练习 10

读数字

重要度 ★ ★ ★

难度水平 ★ ★

场地 **不限场地**

简介 此练习的目的是让球员在不看篮球的情况下进行运球。练习的球员抬起头，边运球边看对面球员示意的数字，可以锻炼边运球边观察周围情况的能力。

▌运球过程

练习步骤

两人一组进行训练，球员 A 双脚分开，屈膝下蹲，右手持球，向下运球。球员 B 双脚自然分开，以直立姿势站立，左手抬起并做出示意的数字。球员 A 边运球边抬头看向球员 B 示意的数字，并将其读出。

教练提示

此练习可以使球员做到运球时不看球。在动作完全熟练后，可以让球员 B 伸出双手做出示意的数字，球员边运球边计算加法或乘法的计算结果。

运球的初级动作

练习 11 直线运球（in-out）

🏀 场地 **半场**

简介 直线运球（in-out）是指单手内外运球的过人动作，球员可用运球的手做出向左突破的假动作将对方重心引至一边，再将球拉回来向右突破。

1 ▌准备姿势

2 ▌运球过程 a

练习步骤

① 双脚分开至略比肩宽，膝盖微屈，重心下移，右手掌心朝下持球，将篮球置于身体右侧。

② 用右手在身体右侧运球，左手在体前护球。

③ 左脚向左前方迈出，同时身体重心左移，右手持球并将其置于体前。

④ 将球拉回右边的同时，左右脚重心转移，迅速向右借力，加速运球。

3 ▌运球过程 b

4 ▌运球过程 c

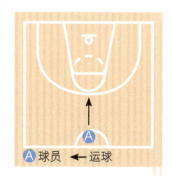

Ⓐ球员 ← 运球

运球技术的基本常识

运球的初级动作

运球的中级动作

运球的高级动作

运球的初级动作

练习 12 直线运球（假急停）

重要度	★ ★ ★
难度水平	★ ★

场地 **不限场地**

简介 直线运球（假急停）是指在运球前进时，做一个忽然停下的假动作，以扰乱对方防守球员的判断，在防守球员还未反应过来时，球员迅速运球前进的一种方式。

注意不要低头看球。

1

▌准备姿势

右手掌心朝上持球。

2

▌运球过程 a

练习步骤

① 双脚分开至略宽于肩，膝盖微屈，重心下移，右手掌心朝下持球，将篮球置于身体右侧，左手在体前护球，目视前方。

② 右脚向前迈一步，同时右手手腕上翻，掌心朝上持球。

知识点

不要低头看球

运球的过程中注意不要低头看球，要目视前方，抬头观察周围的情况。

右手向下
运球。

右手接住从
地面上弹起
的篮球。

3 ▎运球过程 b

4 ▎运球过程 c

练习步骤

③ 左脚向前跟一步，右手
手腕下翻，掌心朝下，
向下运球。

④ 右手接球的同时双脚脚
跟向上抬起，做一个假
急停的动作。

⑤ 在对方防守球员还未完
全反应过来时进行下一
个动作。

⑥ 左脚迅速向前迈步，运
球前进。

5 ▎运球过程 d

6 ▎运球过程 e

教练提示

　　在做假急停的动作时，球员忽然停下，假装将要进行传球或投篮，扰乱对方防守球员
的判断，在其未反应过来时，迅速运球前进，全程注意抬头观察对方防守球员的反应。

運球的初級動作

練習 13

体前变向（单人）

重要度	★ ★ ★
难度水平	★ ★

场地 **不限场地**

简介 体前变向的运球难度相对较低，是让球在身体前方左右移动的技术。该技术在过人或变换方向时很有效。

1 ▌准备姿势

右手在身体右侧向下运球。

2 ▌运球过程 a

右手接住从地面上弹起的篮球。

3 ▌运球过程 b

练习步骤

① 双脚自然分开，膝盖微屈，重心下移，双手持球并将其置于身体右侧，目视前方。

② 向前迈出一步，右手掌心朝下持球，在身体右侧向下运球。

③ 继续运球前进，同时观察场上的情况，在适合的地方，用小步伐快速踏步，并逐渐停止运球。

教练提示

运球时突然变向，会让对方防守球员难以预测你的下一步动作。球员可以从一侧端线出发，到达中圈、另一侧的罚球线、罚球区，然后开始踏步。

运球技术的基本常识

运球的初级动作

运球的中级动作

运球的高级动作

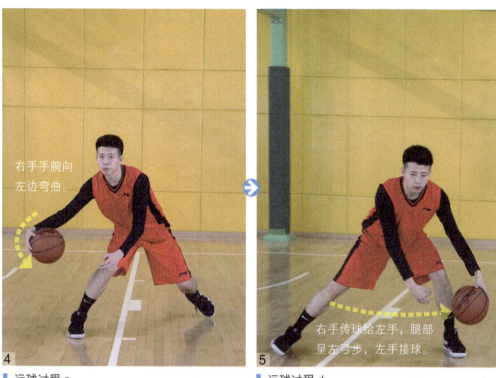

右手手腕向左边弯曲。

4 运球过程 c

右手传球给左手，腿部呈左弓步，左手接球。

5 运球过程 d

全身各个部位配合，继续跑步运球，做到动作流畅。

6 运球过程 e

知识点

动作要求

体前变向时注意保持低重心运球。整体动作迅速、有力、连贯。

练习步骤

④ 右脚向右前方迈一大步，降低重心，右手掌心朝左持球，准备左右手交换篮球。

⑤ 左手接住右手传来的篮球时，身体同时随之向左侧变向，左手继续运球。

⑥ 提高速度，保持低重心移动，运球甩开对方防守球员。

运球的初级动作

练习 14 **体前变向**（带防守）

重要度 ★★★★
难度水平 ★★★
场地 **不限场地**

简介 当你在场上运球推进，而防守球员阻挡了推进的线路时，体前变向是常用的一种运球技巧。但应注意，体前变向一般在双方间距较大时使用，否则容易被对手抢断。

1 ▌准备姿势

右手向下运球。

2 ▌运球过程 a

右脚向前迈步。

3 ▌运球过程 b

4 ▌运球过程 c

练习步骤

① 两人一组进行训练，球员 A 双手持球远离防守球员 B 站立，防守球员 B 双臂张开进行阻拦。

② 球员 A 左脚向前迈步，同时右手在体前运球。

③ 球员 A 右脚向前跟进一步，到达防守球员 B 的身前。

④ 接着球员 A 重心前移，在身体右侧运球，吸引防守球员 B 将身体转向左侧。

教练提示

使用体前变向技巧运球时，运球的手在体前交换，正好把球暴露给了防守球员，很容易造成失误。所以只有离最近的防守球员至少有一臂的距离时，才可以使用。

注：该练习的参考视频为一次变向，在场上应在成功转移防守球员的注意力后变向，如未成功转移防守球员注意力，则参考练习中 5~7 步骤，再次扰乱防守球员判断。

篮球运向左手。

5

■ 运球过程 d

篮球运向右手。

6

■ 运球过程 e

篮球回到左手。

7

■ 运球过程 f

左手向下运球。

8

■ 运球过程 g

练习步骤

⑤ 趁防守球员 B 的注意力集中在右侧时，球员 A 左脚向前迈步，迅速转变方向，将篮球运向左手。

⑥ 在防守球员 B 转身阻拦时，球员 A 又将球运向右手。

⑦ 球员 A 重心移至左腿，再次将球运回左手。

⑧ 在防守球员 B 判断被扰乱后，球员 A 右腿迅速向左迈步，同时转体运球。

⑨ 球员A左脚向前迈步，提高速度，甩开防守球员B。

篮球回弹到左手。

9

■ 运球过程 h

运球的初级动作

练习 15 胯下运球（单人）

场地 **不限场地**

简介 胯下运球是控球技能的一种。该技能的优势在于，向前迈出的脚可以护球，使球不容易被对方防守球员抢断。在比赛中可以作为假动作或在变向时使用。

1 ▌准备姿势

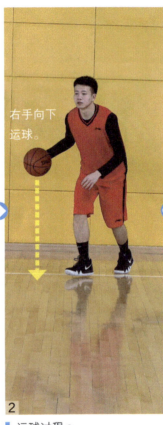

右手向下运球。

2 ▌运球过程 a

注意不要低头看球。

3 ▌运球过程 b

练习步骤

① 左脚在前，右脚在后，膝盖弯曲，重心下移。双手持球，将篮球置于身体右侧。

② 右手持球，同时右脚向前迈一步。目视前方，背部挺直。

③ 继续迈步，运球前进。

知识点

动作节奏

胯下运球与体前变向不同，因为身体起到了阻挡对方防守球员的作用，所以胯下运球在防守球员距离很近的情况下也可以使用。

向下拨篮球，使其从两腿之间穿过。

4

▌ 运球过程 c

左手接球。

5

▌ 运球过程 d

练习步骤

④ 重心下移，利用腕力向下拨篮球，使篮球从两腿之间穿过。

⑤ 左手接住从地面上弹起来的球。

⑥ 起身的同时右脚向前迈步，并用非运球的手护球。

⑦ 保持低重心，迅速向前运球。

左手向下运球。

6

▌ 运球过程 e

7

▌ 运球过程 f

教练提示

从右腿外侧开始运球，使篮球从胯下穿过，到达左腿外侧。在右侧运球时，要注意防守左侧进攻的球员。

运球的初级动作

练习 16

胯下运球（带防守）

重要度 ★ ★ ★

难度水平 ★ ★ ★

场地 不限场地

简介 在对方防守球员与自己距离较小时，可以使用胯下运球打法在双脚间变向运球以突破防守。胯下运球打法在比赛中使用频率较高，需要球员熟练掌握。

1 准备姿势

右手向下运球。

运球过程 a

注意不要低头看球。

3 运球过程 b

4 运球过程 c

练习步骤

① 两人一组进行训练，球员 A 双手持球远离防守球员 B 站立，防守球员 B 双臂张开进行阻拦。

② 球员 A 右脚向前迈步，同时右手在身体右侧运球。

③ 球员 A 继续向前迈步，到达防守球员 B 的身前。

④ 保持在身体右侧运球，球员 A 右腿向后撤一步，准备胯下运球。

教练提示

　　胯下运球可以在用双腿护球的同时，转变方向。球员重心下移，两腿前后分开，在两腿之间运球。在和对方防守球员距离比较小的时候，使用该打法非常有效。

在两腿之间运球。

5 运球过程 d

左手接球。

6 运球过程 e

左手向下运球。

7 运球过程 f

练习步骤

⑤ 球员 A 重心下移，利用腕力向下拨篮球，使篮球从两腿之间穿过。

⑥ 球员 A 用左手接住从地板上弹起来的球。

⑦ 球员 A 保持低重心，用非运球的手护球，快速避开防守球员 B。

用右手在体前护球，防止篮球被防守球员抢走。

知识点

降低重心

球员可以通过降低重心，来降低运球的高度。左右手在胯下交替低重心运球，使篮球从两腿之间穿过，迅速突破对方防守。

運球技術的基本常識

運球的初級動作

運球的中級動作

運球的高級動作

练习 17

胯下运球（单手绕筒）

重要度 ★ ★

难度水平 ★ ★

场地 不限场地

简介 胯下运球（单手绕筒）是球员采用篮球从胯下来回穿过的方式，进行绕锥筒的练习。该练习可以提升球员的控球能力，使其在比赛中能灵活躲避对方防守球员。

右手向下运球。

1 运球过程 a

2 运球过程 b

注意不要低头看球。

3 运球过程 c

练习步骤

① 左脚在前，右脚在后，膝盖微屈，双手持球置于体前，双脚依次向前迈步，右手运球。

② 继续向前迈步，将篮球传给左手。

③ 重心下移，利用腕力向下拨篮球，使篮球从两腿之间穿过。

教练提示

球员应保持大力低重心运球，运球点在膝盖外侧。准备进行胯下运球时，双腿前后分开。

篮球从胯下穿过，到达左侧。

4
▌运球过程 d

篮球从胯下穿过，到达右侧。

5
▌运球过程 e

左手向下运球。

6
▌运球过程 f

7
▌运球过程 g

篮球从胯下穿过，回到右侧。

8
▌运球过程 h

运球技术的基本常识

运球的初级动作

运球的中级动作

运球的高级动作

练习步骤

④ 左手接住从地面上弹起来的球。

⑤ 使篮球从两腿之间穿过，右手接球。

⑥ 将篮球运至左手，同时右脚向前迈步。

⑦ 左脚向前迈步，同时向下运球。

⑧ 向右前方迈步，右手接住从地面上弹起来的篮球。

篮球从胯下穿过，到达左侧。

运球过程 i

练习步骤

⑨ 左手接住穿过两腿之间然后从地面上弹起来的球。

⑩ 将篮球运至右手，同时左脚向前迈步。

⑪ 右脚向前迈步，同时向下运球。

⑫ 向左前方迈步，左手接住穿过两腿之间然后从地面上弹起来的篮球。

⑬ 再让篮球从两腿之间穿过，到达右侧右手持球。

运球过程 j

运球过程 k

篮球从胯下穿过，到达左侧。

运球过程 l

篮球从胯下穿过，到达右侧。

运球过程 m

左手向下运球。

14

▎运球过程 n

15

▎运球过程 0

练习步骤

⑭ 将篮球运至左手，向下运球。同时右脚向前迈步。

⑮ 保持低重心，然后左脚向前迈步，同时向下运球。

教练提示

运球的过程中注意用手指去接触球面。靠手腕的力量向下拨球，要快速、准确。球的落点要在两脚之间。

运球技术的基本常识

运球的初级动作

运球的中级动作

运球的高级动作

运球的初级动作

练习 18

背后运球（单人）

简介 背后运球是指在身后左右移动篮球的一种运球技巧，通常在与对方球员距离较近时使用。难度系数较高，需要多次练习后才能熟练掌握。

1

准备姿势

右手向下运球。

2

运球过程 a

练习步骤

① 左脚在前，右脚在后，膝盖弯曲，重心下移。双手持球，将篮球置于身体右侧。

② 右手持球，同时左脚向前迈一步。

③ 右脚向前迈步，目视前方，背部挺直。

④ 左脚继续向前迈步，运球前进。

3

运球过程 b

4

运球过程 c

教练提示

背后运球是一种常用的运球技巧，在这个过程中要保持低重心运球，运球前进时，运球点位于膝盖外侧，背后运球时运球点在身后后侧。双眼始终直视前方，运球要果断、迅速。用非运球的手护球。

5 运球过程 d

6 运球过程 e

7 运球过程 f

手臂伸直。

右手接住从地面上弹起来的球。

8 运球过程 g

左手向下运球。

9 运球过程 h

练习步骤

⑤ 降低重心，右手将球拉到右侧身后，向两脚中间拍击，用手腕力量推按至左侧。

⑥ 屈膝挺腰，左手持球，从身后向右侧运球。

⑦ 篮球从两脚之间的落球点经过，右手接住从地面上弹起来的球。

⑧ 将篮球运至左手，继续运球，同时向左侧转体。

⑨ 保持低重心，右脚向前迈步，同时快速运球。

注: 该练习的参考视频为一次背后运球,在实际练习中练习者可参考本练习步骤5~7,多次练习背后运球。

运球的初级动作

练习
19

背后运球（带防守）

简介 在运球前进时，遇到对手在一侧堵截，而且距离较近时，可采用背后运球的方法，用整个身体来阻挡，让对手无法预测你的运动方向。

右手向下运球。

1 ▌准备姿势   2 ▌运球过程 a

3 ▌运球过程 b   4 ▌运球过程 c

练习步骤

① 两人一组进行训练，球员 A 双手持球并远离防守球员 B 站立，防守球员 B 双臂张开进行阻拦。

② 球员 A 用右手在身体右侧运球。

③ 球员 A 右脚向前迈步，到达防守球员 B 的身前。

④ 球员 A 左脚向前迈步，保持在身体右侧运球，准备背后运球。

知识点

近距离时使用

在运球过程中，当与防守球员距离很近时，可以使用背后运球的方法。因为这时球员的身体可以将篮球与防守球员阻隔开来。

运球技术的基本常识

运球的初级动作

运球的中级动作

运球的高级动作

篮球从背后运到左侧。

运球过程 d

运球过程 e

运球过程 f

篮球从背后穿过，回到左侧。

运球过程 g

左手向下运球。

运球过程 h

练习步骤

⑤ 球员 A 重心下移，利用手腕的推力，将球向两脚中间拍击。

⑥ 球员 A 左手接住从地面上弹起来的球。

⑦ 球员 A 用左手将篮球运至右侧。注意运球的位置不要离身体太远。

⑧ 球员 A 再次将篮球从背后运至身体左侧。

⑨ 球员 A 保持低重心，用非运球的手护球，快速避开防守球员 B。

运球的初级动作

练习 20 背后运球（绕筒）

简介 通过绕锥筒练习背后运球，球员可以更好地提升背后运球的技能，积累多种护球经验。

1 准备姿势 | 左手向下运球。

▌准备姿势　　　　　　　　　　▌运球过程 a

篮球从背后经过，到达右侧。

3

篮球从背后经过，到达左侧。

▌运球过程 b

练习步骤

① 双脚分开，膝盖弯曲，重心下移，双手持球置于身体右侧，目视前方。

② 左脚向前迈步，同时左手向下运球。

③ 左手接球后，将球拉到左侧身后，利用腕力向下拨篮球，使篮球从背后经过。右手随着篮球弹起的高度，上抬手臂接球，然后将球从身后运回左手。

注：该练习的参考视频中双手持球，将篮球置于身体左侧，这与球员习惯有关，与技术动作无关，练习时应将球置于起始运球同侧方向。

右手向下
运球。

4
▌ 运球过程 c

5
▌ 运球过程 d

左手向下
运球。

6
▌ 运球过程 e

7
▌ 运球过程 f

运球技术的基本常识

运球的初级动作

运球的中级动作

运球的高级动作

练习步骤

④ 将篮球运至右手，同时右脚向右前方迈步。右手持球，向下运球。

⑤ 左脚向左前方迈步，右手将球拉到右侧身后，手腕用力拨篮球，使篮球从背后经过。

⑥ 左手接球后，重心左移，呈左弓步姿势，向下运球，注意左手运球的位置不要离身体太远。

⑦ 保持低重心，右臂抬起护球，继续运球前进。

知识点

动作节奏

背后运球由两个部分组成。先将运球的手拉到身后的一侧，在背后运球，使球到达身体另一侧。然后用另一只手接球并继续向前运球。向前运球时，用身体和非运球的手保护篮球。

运球的初级动作

练习 21

转身运球（单人）

简介 转身运球是在运球时转身一周的一种运球方式，可以有效地突破防守。通过多加练习，球员可以加快转身速度。

1 ▌准备姿势

2 ▌运球过程 a

练习步骤

① 左脚在前，右脚在后，膝盖弯曲，重心下移。双手持球，将篮球置于身体右侧，目视前方。

② 右手持球，在身体右侧向下运球。

③ 右脚向前迈步，保持背部挺直，身体略微前倾。

④ 左脚向前迈步，到达位置后，停止前进，准备转身运球。

右手向下运球。

3 ▌运球过程 b

4 ▌运球过程 c

知识点

动作要点

转身运球的要点是，在转身时要以前脚掌为轴旋转，旋转半径小且速度快。旋转的脚要尽量靠近不动的脚。同时手臂伸直，使篮球向身体后方移动。

以左脚为轴，向右后方转体。

5

运球过程 d

身体面向后方。

6

▌运球过程 e

⑤ 左脚向前迈一步，以左脚为轴，向右后方转体。

⑥ 双脚脚尖指向后方，右手持球，篮球随着球员转身而移动。

⑦ 继续向右转体，转体后右脚在前，左脚在后，右手向下运球。

⑧ 将球运至左手，同时左脚准备向前迈步，加速运球，突破防守。

运球技术的基本常识

运球的初级动作

运球的中级动作

运球的高级动作

继续向右转体。

7

▌运球过程 f

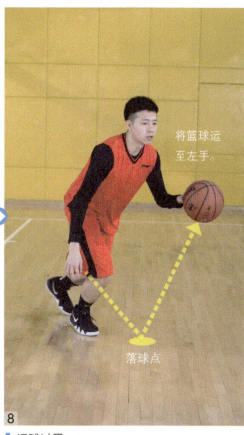

将篮球运至左手。

落球点

8

▌运球过程 g

练习 22

转身运球（带防守）

重要度 ★ ★ ★

难度水平 ★ ★ ★

场地 **不限场地**

简介 转身运球可以在变向时将身体置于篮球和防守球员之间，从而使篮球不被拦截，是一种非常有效的移动进攻方式。

运球技术的基本常识

运球的初级动作

运球的中级动作

运球的高级动作

1 准备姿势

2 运球过程 a

3 运球过程 b

4 运球过程 c

练习步骤

① 两人一组进行训练，球员 A 左脚在前，右脚在后，膝盖弯曲，重心下移，双手持球并将其置于身体右侧。防守球员 B 双脚分开至略比肩宽，双臂张开进行阻拦。两名球员相距 2~3 米面对面站立。

② 球员 A 右脚向前迈步，同时右手持球。

③ 球员 A 左脚向前迈步，右手在身体右侧向下运球，防守球员 B 重心右移。

④ 球员 A 右脚向前迈一步，到达防守球员 B 面前，左手在体前护球，防守球员 B 右脚向前迈步，进行阻拦。

5 ▌ 运球过程 d

6 ▌ 运球过程 e

左手向下运球。

7 ▌ 运球过程 f

练习步骤

⑤ 球员 A 左脚向前迈步，同时以左脚为轴向右后方转体，右手运球，左手抬起以阻拦防守球员 B。防守球员 B 随着球员 A 移动，进行拦截。

⑥ 球员 A 以左脚为轴，继续向右后方转体，背对防守球员 B，同时右手向下运球。

⑦ 球员 A 注意观察球员 B，找准时机以右脚蹬地，迅速向右转体，同时左手向下运球。

⑧ 球员 A 左脚向前迈步，迅速突破防守，甩开防守球员 B，运球前进。

8 ▌ 运球过程 g

注：该练习的参考视频中为步骤 6~8 的连续动作展示，练习者在练习时应注意步骤 6~8 的分解技术动作。

运球的初级动作

练习 23

转身运球（绕筒）

重要度 ★ ★ ★

难度水平 ★ ★ ★

场地 **不限场地**

简介 转身运球在护球的同时改变了运球方向，可降低被抢断的可能性。绕锥筒进行练习，能锻炼球员的灵活性，使球员更好地使用转身运球的技能。

1 准备姿势

左手向下运球。

2 运球过程 a

3 运球过程 b

左手持球，向左后方转体。

4 运球过程 c

练习步骤

① 双脚分开，膝盖微屈，双手持球并将其置于身体右侧。

②~③ 右脚向前迈步，同时左手持球，向下运球。

④ 以右脚为轴，身体向左后方转体。

⑤~⑦ 左脚向左迈步靠近锥筒，并随之转体，右手向下运球。

⑧ 以左脚为轴，向右后方转体。

右手向下运球。

5 运球过程 d

教练提示

运球的过程中注意抬头观察周围的情况，保持背部挺直。

⑨ 右脚向右前方迈步，并随之转体。

⑩ 将篮球运至左手，左手向下运球，重心前移，双脚交替向前迈步。

⑪ 保持低重心，右臂抬起护球，继续运球前进。

6 运球过程 e

篮球击地后回弹到右手。

7 运球过程 f

右手持球，向右后方转体。

8 运球过程 g

9 运球过程 h

左手向下运球。

10 运球过程 i

11 运球过程 j

运球技术的基本常识

运球的初级动作

运球的中级动作

运球的高级动作

运球的初级动作

练习 24

突破防守运球

重要度	★ ★ ★
难度水平	★ ★ ★

场地 不限场地

简介 突破防守运球是通过快速、灵活的运球来避开对方防守球员的一种打法。可以顺势运球至篮筐下并进行投篮，对得分来讲是很重要的。

▌1 准备姿势

▌2 运球过程 a

第一步的步幅要大。

▌3 运球过程 b

练习步骤

① 两人一组进行训练，球员 A 右脚在前，左脚在后，膝盖微屈，重心下移，双手持球并将其置于身体左侧，侧对防守球员 B 站立。防守球员 B 双脚分开，手臂张开准备进行阻拦。

② 球员 A 左脚向前迈步，同时左手持球，右手上抬护球，球员 B 以左脚为轴，向右转体。

③ 球员 A 上体前倾，右脚向前迈出第一步，左手在体前运球。

快速突破，不要低头看球。

运球过程 c

运球过程 d

练习步骤

④ 球员 A 左脚迅速向前迈步，左手持球，突破防守。

⑤ 球员 A 右脚继续向前迈步，左手在体前运球，加速甩开防守。

球员 A 上体微转，使背部对着防守球员 B，保持重心下移。

教练提示

　　在运球的过程中，迈出的第一步和第二步非常重要，甚至可以被称作突破防守的关键阶段。第一步的步幅要大，同时篮球要向身体前方移动。

运球的初级动作

练习 25

背后交替运球

重要度 ★ ★ ★
难度水平 ★ ★
场地 **不限场地**

简介 背后交替运球是一种常用的运球技巧。常用于球员在场上运球推进而防守球员阻挡了运球推进的线路的情况下。

1 将球向两脚中间拨。

▌ 准备姿势

2 运球过程 a

左手接住从地面上弹起的篮球。

落球点

3 运球过程 b

····· 练习步骤 ·····

① 双脚分开至略宽于肩，膝盖微屈，重心下移，双手持球，右手掌心朝下，左手掌心朝右，将篮球置于身体右侧，目视前方。

② 右手持球，将球拉到右侧身后，用手腕的力量推按，向两脚中间拨篮球。

③ 篮球从两脚之间的落球点经过，左手在身体左侧接住从地面上弹起的篮球。

运球技术的基本常识

运球的初级动作

运球的中级动作

运球的高级动作

右手接球时掌心朝下，用五指抓握篮球。

练习步骤

④ 左手接球后，将球拉到左侧身后，用手腕的力量推按，向两脚中间拨篮球。

⑤ 篮球从两脚之间的落球点经过，右手在身体右侧接住从地面上弹起的篮球。

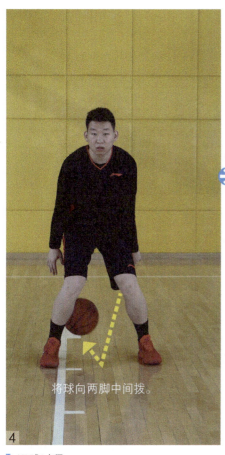

将球向两脚中间拨。

4

▌运球过程 c

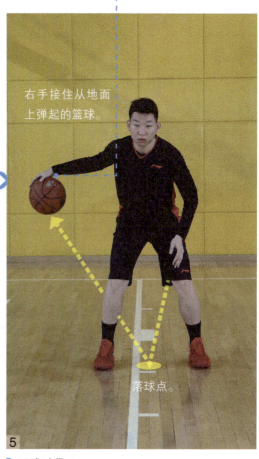

右手接住从地面上弹起的篮球。

落球点。

5

▌运球过程 d

教练提示

　　球员通过练习此动作可以提升身体的灵活性，以及增强控球能力。在运球的过程中，双脚始终保持不动，不要低头看球，背后运球和接球的动作要连贯。

运球的初级动作

练习 26

身前身后交替运球

重要度 ★ ★ ★

难度水平 ★ ★ ★

场地 **不限场地**

简介 身前身后交替运球是先将篮球从身后运至另一侧，接球后，再从身前运回的练习方式，运球时需注意动作的连贯性。利用好这种运球方式，可以有效躲避对方防守球员的阻拦。

1

▌准备姿势

右手在背后向两脚中间拨篮球。

2

▌运球过程 a

落球点

3

▌运球过程 b

练习步骤

① 双脚分开至略宽于肩，膝盖微屈，重心下移，双手持球，右手掌心朝下，左手掌心朝右，将篮球置于身体右侧，目视前方。

② 右手持球，将球拉到右侧身后，用手腕的力量推按，向两脚中间拨篮球。

③ 篮球从两脚之间的落球点经过，左手在身体左侧接住从地面上弹起的篮球。

练习步骤

④ 左手接球后，在体前用手腕的力量推按，向两脚中间拨篮球。

⑤ 篮球从体前经过两脚之间的落球点，右手在身体右侧接住从地面上弹起的篮球。

教练提示

在运球的过程中，上体略微前倾，背部保持挺直。

左手在体前向两脚中间拨篮球。

4

■ 运球过程 c

落球点

5

■ 运球过程 d

知识点

熟练掌握控球技巧

练习身前身后交替运球，可以使球员在比赛中更好地掌握控球技巧，从而躲避对方防守球员的阻拦。

左手将球运完后，掌心朝右置于身体左侧，准备继续接球。

第 3 章
运球的中级动作

在学习了运球的初级动作后，我们再了解一下运球的中级动作，因为作为一名优秀的持球推进手，必须要擅长运球。本章动作训练的重点在于掌握持球推进和突破防守的技能。

运球的中级动作

练习 27

重要度 ★★★

难度水平 ★★★

场地 **半场**

从控制性运球变为快速推进运球

简介 在被对方球员严密防守时，可以选用控制性运球的方式，将球控制在自己手上。当无人防守时则可以选用快速推进运球的方式，将球迅速运到指定位置。

1 准备姿势

右手向下运球。

2 运球过程 a

运球前进时，注意不要低头。

3 运球过程 b

练习步骤

① 双脚分开，膝盖弯曲，重心下移。双手持球，将篮球置于身体右侧。

② 右脚向前迈步，同时右手持球，向下运球。

③ 继续向前迈步，运球前进至限制区线位置。

知识点

控制性运球

控制性运球的基本要求是保持平衡，这样能在保证对球有良好控制的前提下，更加快速地向前移动。

4

▎运球过程 c

双脚步幅要大，用力快速运球。

5

▎运球过程 d

练习步骤

④ 到达限制区线后，双脚前后分开，右脚在前，左脚在后。双手持球，头抬起，目视前方，准备快速推进运球。

⑤ 左脚向前迈出一大步，右手将球拍到身体前方并跑动运球。弯曲手腕和手指发力，用指腹运球。

教练提示

运球的过程中，当球的高度达到腰部位置时，要确保支撑脚离地之前篮球离手。同时，借助身体和非运球的手对球进行保护。

注：该练习的参考视频为从控制性运球变为快速推进运球的连贯动作，控制与推进的节奏变化可由练习者根据练习中的实际情况自行把握。

练习 28

从快速推进运球变为控制性运球

重要度 ★ ★ ★

难度水平 ★ ★ ★

场地 **半场**

简介 当无人防守时可以先选用快速推进运球的方式，将球迅速运到指定位置。在碰到对方防守球员时，用控制性运球的方式，将球控制在自己手上。

运球技术的基本常识

运球的初级动作

运球的中级动作

运球的高级动作

1

■ 准备姿势

右手向下运球。

2

■ 运球过程 a

左脚步幅要大。

3

■ 运球过程 b

练习步骤

① 双脚分开，膝盖弯曲，重心下移。双手持球，将篮球置于身体右侧。

② 右手持球，向下运球，同时右脚向前迈步。

③ 左脚向前迈出一大步，右手将球运到身体前方，然后跑动运球。

知识点

动作要点

开始运球时，将球拍到身体前方，然后迈大步跑动运球。注意在右脚离地之前必须使篮球离手。

双脚迈步的幅度逐渐变小，运球速度变慢。

■ 运球过程 c

右手向下运球。

■ 运球过程 d

■ 运球过程 e

练习步骤

④ 快要到达限制区线时，逐渐降低运球速度，随着步幅变小，准备变为控制性运球。

⑤ 左脚在前，右脚在后，右手向下运球。

⑥ 继续向前迈步，运球前进。注意要将头抬起，不要低头看球。

教练提示

运球时保持抬头，目视前方。这样就可以观察整个球场的局势，包括无人防守的队友和对方的防守球员。

注：该练习的参考视频中球员从右手运球变为左手运球，练习者在练习中左右手运球都可以尝试。

运球技术的基本常识

运球的初级动作

运球的中级动作

运球的高级动作

运球的中级动作

练习
29

摆脱防守运球

重要度 ★★★★

难度水平 ★★★★

场地 **半场**

简介 摆脱防守运球是一种球员运球突破防守球员的方式。突破防守后，快速向前移动以摆脱防守球员的干扰，并用身体阻挡防守球员的前进路线。

1 ▌准备姿势

2 ▌运球过程 a

3 ▌运球过程 b

4 ▌运球过程 c

练习步骤

① 两人一组进行训练，球员 A 左脚在前，右脚在后，膝盖弯曲，重心下移，双手持球并将其置于身体右侧。防守球员 B 右脚在前，左脚在后，双臂张开进行阻拦，两名球员相距 2~3 米面对面站立。

② 球员 A 右脚向前迈步，同时身体侧转，将篮球置于身体左侧。防守球员 B 以右脚为轴，向右转体。

③ 防守球员 B 左脚向前迈步，上前阻拦球员 A。球员 A 左手持球，向下运球，右手抬起，在体前护球。

④ 球员 A 右脚在前，左脚在后，呈右弓步姿势，左手运球，寻找时机突破球员 B 的防守。

左手向下运球。

运球过程 d

运球过程 e

运球过程 f

运球过程 g

练习步骤

⑤ 球员 A 向前迈步，甩开防守球员 B，左手运球。防守球员 B 向右转体，追赶球员 A。

⑥ 防守球员 B 左脚向前跟一步，在球员 A 身后进行阻拦。

⑦ 球员 A 双脚分开，面向篮筐左手运球。将防守球员 B 挡在身后。

⑧ 球员 A 双脚分开至距离比肩宽，重心下移，左手持球，准备投篮。

 教练提示

运球的过程中，注意球员 A 的目的并不是摆脱防守球员并得分，而是通过内侧腿绕过防守球员的身体来获得内部位置和通向篮筐的机会。

运球技术的基本常识

运球的初级动作

运球的中级动作

运球的高级动作

运球技术的基本常识

运球的初级动作

运球的中级动作

运球的高级动作

运球的中级动作

练习 30 圆圈捉人

重要度 ★ ★

难度水平 ★ ★ ★

场地 **中圈**

简介 圆圈捉人是两名球员在中圈的线上，边运球边做追逐游戏的练习。运球时逐渐加速，捉到被捉人即获得胜利。

1 ▌ 准备姿势

2 ▌ 运球过程 a

3 ▌ 运球过程 b

4 ▌ 运球过程 c

5 ▌ 运球过程 d

练习步骤

① 球员 A 与球员 B 双手持球，在中圈线上面对面站立。通过猜拳的方式决定球员 A 为捉人者，球员 B 为被捉者。

② 球员 A 与球员 B 沿着中圈向各自的左侧运球。

③ 球员 B 继续运球前进，球员 A 忽然转变方向。

④ 球员 A 转身后运球追赶球员 B，球员 B 随即转身向后绕圈运球。

⑤ 球员 A 继续运球前进，追上前面的球员 B。

注：该练习的参考视频为一次圆圈捉人的全程演示，在练习中练习者不必完全按照练习步骤，而应将注意力放在对手球员身上。

练习
31

运球同时互断对方球

简介 两名球员在中圈内运球的同时将对方的篮球推出圈外，此练习可以提高球员的护球能力，并且使球员运球时视野更开阔。

1 ▌准备姿势

2 ▌运球过程 a

3 ▌运球过程 b

4 ▌运球过程 c

练习步骤

① 球员 A 与球员 B 双脚分开至与肩同宽，重心下移，双手持球并将其置于各自的身体右侧，在中圈内面对站立。

② 球员 B 左手持球。球员 A 右手持球，左脚向前迈步，在运球的同时靠近球员 B。

③ 球员 B 向下运球，球员 A 上前去推球员 B 的球。

④ 球员 B 将球运至右手，护住手中的球。球员 A 将球运至左手，两名球员保持一定的距离。

运球技术的基本常识

运球的初级动作

运球的中级动作

运球的高级动作

5

■ 运球过程 d

6

■ 运球过程 e

7

■ 运球过程 f

练习步骤

⑤ 球员 A 左脚向前迈步，靠近球员 B，同时将球运至右手。球员 B 迅速将球运至左手。

⑥ 球员 B 左手运球，右手向前伸，去推球员 A 的球。

⑦ 球员 A 用右手向下运球，左手护球。

⑧ 球员 A 的球被球员 B 推出圈外。

8

■ 运球过程 g

教练提示

此练习可以有效提升球员在比赛中边观察对方边护球的能力。在练习时要仔细观察对方，护住篮球。尽量保证运球时不低头看球。

注：该练习的参考视频为一次运球同时互断对方球的全程演示，在练习中练习者不必完全按照练习步骤，而应将注意力放在运球与断球上。

练习 32

双手运球（左右同时）

重要度 ★ ★

难度水平 ★ ★ ★

 场地 **不限场地**

简介 双手运球（左右同时）练习的目的是使左右手都能掌握运球技巧，并养成运球时不看球的习惯。在技巧还不熟练时，可以先慢速运球。

注意不要低头看球。

1 准备姿势

2 运球过程 a

练习步骤

① 双脚分开至与肩同宽，膝盖微屈，双手掌心朝上，各持一个篮球。

② 重心下移，双手掌心朝下，向下运球。按照同样的方法继续运 3 次球。

③ 重心上移，双手接住从地面上弹起的篮球。

④ 双手向下运球，保持高重心运两次球。

提高重心运两次球。

3 运球过程 b

两球同时落地。

4 运球过程 c

知识点

保持力度相同

即使是双手运球，运球时不看球仍是基本原则。另外，双手运球时经常会出现惯用手所运的球弹得过高的情况。这时，另一只手需要加大力气，使两手用力基本相同。

注：该练习的参考视频中看球双手运球，练习者在练习中应逐渐掌握技巧，开始时，可以看球，也可以先慢速运球，逐渐养成不看球的习惯。

运球技术的基本常识

运球的初级动作

运球的中级动作

运球的高级动作

运球技术的基本常识

运球的初级动作

运球的中级动作

运球的高级动作

运球的中级动作

练习 33 双手运球（左右交替）

重要度 ★★

难度水平 ★★★

场地 不限场地

简介 此练习是上一个练习的变式，是用左右手交替运球，注意两球弹起的高度应大致相同。此练习能锻炼双手的运球技巧。

1 准备姿势

2 运球过程 a

左右两球交替落下。

3 运球过程 b

左右两球交替落下。

4 运球过程 c

5 运球过程 d

练习步骤

① 双脚分开至与肩同宽，膝盖微屈，双手掌心朝上，各持一个篮球。

② 双手掌心朝下，左手向下运球。

③ 左手接住从地面上弹起的篮球后，右手向下运球。

④ 右手接到球后，左手向下运球。

⑤ 降低重心，继续按照同样的方法保持低重心运球。

注：该练习的参考视频中球员没有做到不看球运球，练习者在练习开始时可以看球运球，并逐渐养成不看球运球的习惯。

运球的中级动作

练习 34

单手运球投篮（直线）

重要度	★ ★ ★
难度水平	★ ★ ★

场地 **半场**

简介 此练习可以提高球员的单手控球能力，同时也可以使球员掌握从运球到投篮的一系列技术。球员在熟练掌握技术后可以不断加速，从而增强体力，提高持久力。

在锥筒外侧运球前进。

1 ▌运球姿势

从锥筒外侧绕过，进行投篮。

2 ▌投篮姿势

练习步骤

① 球场上设有5个锥筒。球员左脚在前，右脚在后，重心下移，左手持球，从球场一侧开始，沿锥筒外侧运球前进。

② 继续沿锥筒外侧运球至球场另一侧，到达篮筐下。球员向上跳跃，左腿向上抬起，同时将球举过头顶，进行投篮。

Ⓐ球员 ← 运球 ← 投篮 🟡锥筒

注：该练习的参考视频中所演示的为一侧运球投篮。在实际练习中锥筒数量与跑步线路可视情况随时调整。

运球技术的基本常识

运球的初级动作

运球的中级动作

运球的高级动作

运球的中级动作

练习 35

单手运球投篮（弯道）

重要度 ★ ★ ★
难度水平 ★ ★ ★

场地 **半场**

简介 与上一个练习相似，同样在场地上设有5个锥筒，不同的是要绕过每一个锥筒后再进行运球和投篮。此练习可以训练身体扭转的灵活性，以及运球时手的动作和步法等。

左手运球，绕过每一个锥筒。

1 ▎运球姿势

绕过锥筒后进行投篮。

2 ▎投篮姿势

练习步骤

① 球场上设5个锥筒。球员左脚在前，右脚在后，重心下移，左手持球，从球场一侧开始，绕过每个锥筒运球前进。

② 继续将球运至球场另一侧，绕过锥筒，到达篮筐下。球员向上跳跃，左腿向上抬起，同时将球举过头顶，进行投篮。

Ⓐ球员 ◀━ 运球 ◀━ 投篮 ⬠锥筒

注：该练习的参考视频所演示的为一侧弯道单手运球投篮，在实际练习中锥筒数量与跑步路线可视情况随时调整。

练习 36

限制区线往返练习

重要度 ★ ★

难度水平 ★ ★ ★

场地 **半场**

简介 限制区线往返练习可以大幅度提高运球速度，有助于提升转体的技术。另外，还能增强球员的体力与持久力。

从限制区线左侧运球至限制区线右侧。

1

▌运球过程 a

从限制区线右侧运球至限制区线左侧。

2

▌运球过程 b

练习步骤

① 球员双脚前后分开，右脚在前，左脚在后，弯曲膝盖，右手持球，从限制区线左侧开始，向限制区线右侧运球前进。

② 到达限制区线右侧后，球员左脚在前，右脚在后，重心前移，左手持球，从限制区线右侧开始，向限制区线左侧运球前进。

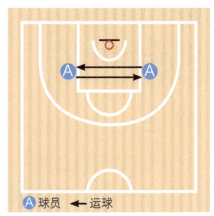

Ⓐ球员 ← 运球

注：该练习的参考视频演示的为在边线上往返运球，练习中可根据场地情况与人员数量随时作出调整。

运球的中级动作

练习 37

3 次运球投篮

重要度 ★ ★

难度水平 ★ ★ ★

场地 **半场**

简介 3次运球投篮是指在到达篮筐前运球的次数不超过3次，然后在篮筐下进行投篮的练习。此练习可以帮助球员更好地掌握运球方法，提高运球速度。

Ⓐ球员　←运球　←投篮

练习步骤

球员双脚前后分开，弯曲膝盖，重心下移，右脚准备向前迈步，左手持球，面对篮筐。从三分线开始，向篮筐全速运球，同时将运球次数控制在 3 次以内。到达篮筐下时，向上跳跃，同时将球举过头顶，进行投篮。

▌运球姿势

练习 38

单手左右运球

重要度 ★★★

难度水平 ★★★★

场地 **不限场地**

简介 单手左右运球是仅使用一只手左右移动篮球，不将球运到另一只手上的练习，可以用来打乱对方防守球员的判断。此练习需要身体各个部位协调配合，才能提高成功率。

1 准备姿势

右脚向前迈步，重心下移。

2 运球过程 a

迅速翻转手掌，贴向篮球的另一侧。

3 运球过程 b

4 运球过程 c

练习步骤

① 球员 A 双手持球并将其置于身体右侧。防守球员 B 准备阻挡球员 A。

② 球员 A 左手持球，在身体右侧向下运球，让防守球员 B 误以为要将球传到右手。

③ 防守球员 B 跟随球员 A 移动时，球员 A 的左手迅速翻掌，贴向篮球的另一侧并向左侧运球。

④ 球员 A 左手接球后继续运球。

⑤ 球员 A 加速运球，突破防守。

右脚向前迈步，甩开防守球员。

5 运球过程 d

运球技术的基本常识

运球的初级动作

运球的中级动作

运球的高级动作

运球的中级动作

练习 39

托尼·帕克运球

重要度 ★★★

难度水平 ★★★★

场地 **不限场地**

简介 托尼·帕克运球包括左右移动和速度变化等多种基本要素，在比赛中对于突破防守非常有效。此动作要求球员向前迈出一大步，紧接着在一瞬间加速，甩掉对方防守球员。

手臂伸直。

重心下移，弯曲膝盖，双脚自然分开。

1 ▌准备姿势

练习步骤

① 球员 A 双手持球并将其置于身体右侧。防守球员 B 阻挡球员 A。

② 球员 A 右手持球，向下运球。

③ 防守球员 B 左脚上前一步，球员 A 受到阻拦后，重心下移。

④ 球员 A 迅速转身，同时右脚向前迈出一大步，右手向左前侧运球。

⑤ 球员 A 加速运球前进，突破防守。

2 ▌运球过程 a

重心下移。

3 ▌运球过程 b

4 ▌运球过程 c

右脚向前迈步。

5 ▌运球过程 d

运球的中级动作

重要度 ★★
难度水平 ★★★
场地 **不限场地**

练习 40 双球练习（转身运球）

简介 双球练习（转身运球）是一个人使用两个球进行的练习，左右手同时运球，随后转体。此练习的难度系数较高，需要多加练习。

1 准备姿势

双手向下翻转并运球。

2 运球过程 a

以左脚为轴，向右后方转体。

3 运球过程 b

转体后，右脚向前迈步，呈右弓步姿势。

4 运球过程 c

练习步骤

① 双脚分开至略比肩宽，膝盖弯曲，双手掌心朝上持球并将其置于体前。

② 右脚向右前方迈出一步，身体随之右转，双手向下翻腕并运球。

③ 左脚向前迈步，靠近第一个锥筒。同时以左脚为轴，向右后方转体。

④ 转体后，右脚向前迈步，同时双手向下运球。

⑤～⑥ 保持低重心，左脚向前迈步，靠近第二个锥筒，然后双手向下运球。

知识点

动作要点

在双球练习时，注意双手要同时持球，这样有助于顺利转身。

运球过程中球的高度不要过高或过低。

运球技术的基本常识

运球的初级动作

运球的中级动作

运球的高级动作

练习步骤

⑦ ~ ⑧ 右脚向前迈步，以右脚为轴向左后方转体。转体后，左脚向前迈步，呈左弓步姿势，向下运球。

⑨ 右脚向前跟一步，同时身体向左后方转。

⑩ 然转体后，右脚向前迈步，同时向下运球。

左脚向前迈步。

5
▌运球过程 d

双手向下运球。

6
▌运球过程 e

以右脚为轴，向左后方转体。

7
▌运球过程 f

双手向下运球。

8
▌运球过程 g

向左后方转体。

9
▌运球过程 h

转体后，双手向下运球。

10
▌运球过程 i

运球的中级动作

重要度 ★★
难度水平 ★★★★

 练习 41 **双球练习**（背后运球）

场地 **不限场地**

简介 双球练习（背后运球）是指使用两个球，一只手在身体前侧，另一只手在身后，将两球同时互换的练习。

1 准备姿势

双手向下翻腕转并运球。

2 运球过程 a

向左侧转体，同时左脚向前迈步。

3 运球过程 b

向右转体，呈右弓步，双手向下运球。

4 运球过程 c

练习步骤

① 球员双脚分开至略比肩宽，膝盖弯曲，掌心朝上，双手持球并将其置于体前。

② 右脚向右前方迈出一步，身体随之右转，双手翻腕，向下运球。

③ 向左侧转体，同时左脚向前迈步。

④ 右脚向前跟一步，身体向右侧转，双手向下运球。

双手一前一后运球，使两球互换。

5 运球过程 d

练习步骤

⑤ 向左转体，同时右手在身前向左侧运球，左手在身后向右侧运球，使两球位置互换。

⑥~⑦ 双手接到球后，左脚向前迈步，重心下移，身体略微前倾，双手向下运球。

⑧~⑨ 保持低重心，双脚继续向前迈步，运球前进。

⑩~⑪ 右脚向前跟一步，同时右手在身前向左侧运球，左手在身后向右侧运球，使两球位置
互换。双手接球后，向右侧转体，继续向下运球。

▌运球过程 e　　　　　　　　　　　　　　　　▌运球过程 f

▌运球过程 g　　　　　　　　　　　　　　　　▌运球过程 h

▌运球过程 i　　　　　　　　　　　　　　　　▌运球过程 j

运球的中级动作

练习
42

双球运球（交叉运球）

重要度　★
难度水平　★★★
场地　**不限场地**

简介　双球运球（交叉运球）是指使用两个篮球，左手和右手同时向两脚之间的落球点运球，使篮球通过交叉的形式互换位置的练习。

落球点

1　准备姿势　　　2　运球过程 a

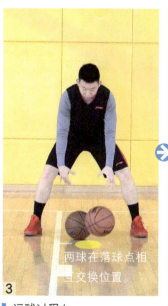

两球在落球点相互交换位置。

3　运球过程 b

4　运球过程 c

练习步骤

① 双脚分开，两脚距离略宽于肩，膝盖弯曲，重心下移，双手掌心朝上持球，目视前方。

② 双手手腕向下翻转，准备向下运球。

③ 两球在运动的过程中接触两脚之间的落球点，并互相交换位置。

④ 双手接住互相交换位置后的两个篮球。

　教练提示

　　运球的过程中注意双脚始终保持不动，膝盖略微弯曲，始终保持重心下移。身体前倾，背部挺直。运球时要保证两球的落球点都在两脚中间。

运球技术的基本常识

运球的初级动作

运球的中级动作

运球的高级动作

运球的中级动作

练习 43

双球运球（由内向外运球）

重要度 ★★

难度水平 ★★★

🏀场地 **不限场地**

简介 此练习是先在身体前方向内侧运两个篮球，接球后再向外侧运。此练习有助于球员提高控球能力。

在身体前方向下运球。

1 准备姿势

2 运球过程 a

向双脚外侧运球。

3 运球过程 b

4 运球过程 c

随着两球弹起的高度，上抬双臂接球。

5 运球过程 d

练习步骤

① 双脚分开，两脚距离略宽于肩，膝盖弯曲，重心下移，双手掌心朝上持球，目视前方。

② 身体前倾，双手手腕向下翻转，在体前运球。

③ 双臂屈肘，双手五指相对，接住从地面上弹起的两个球，然后按箭头方向运球。

④ 双臂向身体外侧展开，准备接球。

⑤ 双臂根据两球弹起的高度，向上抬起并接球。

运球技术的基本常识

运球的初级动作

运球的中级动作

运球的高级动作

运球的中级动作

双球运球（前后侧拉运球）

重要度 ★★★

难度水平 ★★★

场地 **不限场地**

简介 双球运球（前后侧拉运球）是双手由身前向身后运球，在身后接球后，再向前运球的练习。反复做此练习，可以使球员更加灵活地运球。

1 准备姿势

向身体后方运球。

2 运球过程 a

在身体后方接球。

3 运球过程 b

练习步骤

① 双脚分开，两脚距离略宽于肩，膝盖弯曲，重心下移，双手掌心朝上持球，目视前方。

② 双脚回收，自然分开，身体前倾，双手手腕向下翻转，向后运球。

③ 双臂屈肘向后，掌心朝前，在身体后方接球。

④ 接球后，用双手在身体后方向前运球。

⑤ 双手接住从地面弹起的两个球。

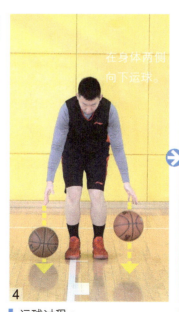

在身体两侧向下运球。

4 运球过程 c

5 运球过程 d

运球技术的基本常识

运球的初级动作

运球的中级动作

运球的高级动作

运球技术的基本常识

运球的初级动作

运球的中级动作

运球的高级动作

练习 45

运球并将球摁于地面练习

重要度 ★

难度水平 ★★★

场地 不限场地

简介 运球并将球摁于地面是指持球的手向下运球，当篮球触碰到地面，还未向上弹起时，身体迅速下蹲，将球按在地面上的练习。

1 准备姿势

右手在身体右侧向下运球。

2 运球过程 a

右手将球按于地面。

3 运球过程 b

练习步骤

① 双脚分开至与肩同宽，膝盖弯曲，重心下移，右手掌心朝下持球，左手置于体前以护球。

② 右手在身体右侧垂直向下运球，注意不要低头看球。

③ 在球触碰到地面且还未弹起时，身体迅速下蹲，右手伸直按住地面上的篮球，防止其弹起。

知识点

动作节奏

运动过程中，注意双脚始终保持不动，运球时用手指发力。当球落到地面时，下蹲要迅速，全程不要低头看球。

运球的中级动作

练习 46

运球击掌练习

重要度 ★★

难度水平 ★★★

场地 **不限场地**

简介 此练习需要两名球员面对面站立，非持球的手向前伸直，掌心相对。一名球员向下运球并击掌，球回弹后，换另一名球员进行运球击掌练习。

1 准备姿势

右手向下运球。

2 运球过程 a

3 运球过程 b

4 运球过程 c

练习步骤

① 两人一组进行练习，球员 A 与球员 B 双脚分开，膝盖弯曲，重心下移，右手掌心朝下持球，相距 2~3 米面对面站立。

② 两名球员左手向前伸，掌心相对。球员 A 右手向下运球。

③ 球员 A 接住地面上弹起的篮球，并击掌。这时球员 B 右手向下运球。

④ 球员 B 接住地面上弹起的篮球，并击掌。然后球员 A 继续进行运球击掌练习，即两名球员重复以上动作，练习 1 分钟。

运球的中级动作

练习 47

摸锥筒低重心运球练习（胯下）

重要度 ★★

难度水平 ★★★

场地 **不限场地**

简介 摸锥筒低重心运球练习（胯下）需要球员保持低重心的姿势，使篮球从胯下经过，到达另一侧，接球后，非持球的手立刻触摸锥筒。

1 ▎准备姿势

2 ▎运球过程 a

左手接住从胯下经过的篮球。

3 ▎运球过程 b

4 ▎运球过程 c

右手接住从胯下经过的篮球。

5 ▎运球过程 d

练习步骤

① 右脚在前，左脚在后，双手持球并将其置于身体右侧。

② 重心下移，呈右弓步姿势，左手指尖触摸锥筒，右手运球并使其从胯下经过。

③ 篮球从胯下经过后，左手接住球，右手指尖触摸锥筒。

④ 左手运球，使篮球从胯下经过，传向右手。

⑤ 右手接住从胯下经过的篮球，左手指尖触摸锥筒。

运球的中级动作

练习 48

摸锥筒低重心运球练习（体前）

重要度 ★★

难度水平 ★★★

场地 **不限场地**

简介 摸锥筒低重心运球练习（体前）需要球员使球从体前经过并运动到另一侧，接球后，用非持球的手立刻触摸锥筒。运球时球员始终保持低重心的姿势。

1 ▌准备姿势

2 ▌运球过程 a

3 ▌运球过程 b
右手向身体左侧运球。
落球点

练习步骤

① 双脚分开，两脚距离略宽于肩，膝盖弯曲，重心下移，双臂屈肘，右手掌心朝下、左手掌心朝右持球，将篮球置于身体右侧，目视前方。

② 身体前倾，右手持球，向身体左侧运球。

③ 篮球在体前从右侧运至左侧，左手掌心朝下接球，同时右手触摸锥筒。

运球技术的基本常识

运球的初级动作

运球的中级动作

运球的高级动作

练习步骤

④ 左手接球后，保持低重心。左手持球，向身体右侧运球。

⑤ 篮球在体前从左侧运动至右侧，右手掌心朝下接球，同时左手触摸锥筒。

左手五指张开，用中指的指尖触碰锥筒。

4
▌运球过程 c

5
▌运球过程 d

教练提示

　　在练习此动作时，运球的过程中要注意身体略微前倾，背部挺直，双脚始终保持不动。用指尖触摸锥筒，方便快速进行下一个动作。

运球的中级动作

练习
49

摸锥筒低重心运球练习（左右）

重要度 ★ ★ ★

难度水平 ★ ★ ★

场地 **不限场地**

简介

在摸锥筒低重心运球练习（左右）中，每次运球后，非持球的手要触摸锥筒一次。在转体接球时动作要连贯。此练习可以提升身体的协调性，增强控球能力。

1 ■ 准备姿势

右手向下运球

2 ■ 运球过程 a

练习步骤

① 右脚在前，左脚在后，两脚距离约是肩宽的两倍，重心下移，呈右弓步姿势。右手掌心朝下持球，左手向前伸，用手指触摸锥筒。

② 保持低重心，右手持球，向下运球。

右手的手腕向下运动，手指发力向下运球。

练习步骤

③ 略微起身，同时向左转体，双脚分开，两脚的间距略比肩宽。身体前倾，右手持球，向身体左侧运球。

④ 左手接球的同时，右脚向后撤一大步，重心下移，呈左弓步姿势。左手持球，向下运球，右手向前伸，用指尖触摸锥筒。

⑤ 左手接住从地面上弹起的篮球，继续换方向，重复练习以上动作。

左手持球，向下运球。

左手接住从地面上弹起的篮球。

| 3 | 4 | 5 |

▌运球过程 b　　　　▌运球过程 c　　　　▌运球过程 d

教练提示

　　运球的过程中用指尖触摸锥筒，方便迅速进行转体动作。全程保持低重心运球，注意控制运球的力度，不要使球弹得过高。

运球的中级动作

练习 50 变速练习

重要度	★★★★
难度水平	★★★

场地 **不限场地**

简介 对于在运球过程中避开防守球员的阻拦，变速练习是非常有效的。慢速运球时突然加速，或快速运球时突然停止，这样会打破对方的防守节奏，从而突破防守。

右手向下运球。

1 ▍ 准备姿势　　　　**2** ▍ 运球过程 a　　　　**3** ▍ 运球过程 b

运球技术的基本常识

运球的初级动作

运球的中级动作

运球的高级动作

练习步骤

① 双脚分开，两脚距离与肩同宽，膝盖弯曲，重心下移，双臂屈肘，右手掌心朝下、左手掌心朝右持球，将篮球置于身体右侧，目视前方。

② 保持低重心，右手持球，准备向下运球，左手在体前护球。

③ 右脚向前迈出一步，重心下移，呈右弓步姿势。右手向下运球，同时左手前伸，用指尖触摸锥筒。

练习步骤

④ 右手接住从地面上弹起的篮球后起身，左脚向前迈步，加速运球前进。

⑤ 当快到达第二个锥筒时，降低速度。右脚在前，左脚在后，右手掌心朝下持球。

⑥ 继续慢速运球前进，靠近第二个锥筒。呈右弓步姿势，右手向下运球，左手准备触摸锥筒。

向第二个锥筒的方向加速运球前进。

4

▊ 运球过程 c

5

▊ 运球过程 d

6

▊ 运球过程 e

知识点

动作节奏

变速练习是利用速度的变化避开防守的技巧练习，要求先快速运球前进，靠近目标时减慢速度，速度的变化是练习的关键。

运球的过程中，保持右手掌心朝下，以方便接球。

练习 51 双人带网球运球练习（体前）

重要度 ★ ★
难度水平 ★ ★ ★
场地 不限场地

简介 双人带网球运球练习（体前）是两名球员配合练习，在辅助球员将网球传出时，篮球的持球员需要快速转换持球的手接住网球的一种练习方式。

1 准备姿势

练习步骤

① 球员 A 与球员 B 双脚分开，膝盖弯曲，重心下移，球员 A 双手持篮球并将其置于身体右侧，球员 B 右手持网球，相距 2~3 米面对面站立。

② 球员 A 将球运至左手。

③ 球员 A 迅速将球运回右手，左手准备接网球。

④ 在球员 B 传出网球后，球员 A 左手接住网球。

2 运球过程 a

将篮球运至左手。
落球点

3 运球过程 b

将篮球运至右手，左手接网球。
落球点

4 运球过程 c

運球技术的基本常识

運球的初级动作

運球的中级动作

運球的高级动作

运球的中级动作

双人带网球运球练习（胯下）

练习 52

重要度 ★★
难度水平 ★★★
场地 **不限场地**

简介 此练习中，辅助球员将网球传出时，篮球的持球员运球，使篮球在胯下迅速穿过，然后接住网球。此练习可以增强球员运球的灵活性。

1 准备姿势

2 运球过程 a

3 运球过程 b

将篮球从胯下运至左手。
落球点

4 运球过程 c

将篮球从胯下运至右手，左手接网球。
落球点

练习步骤

① 球员 A 左脚在前，右脚在后，膝盖微屈，重心下移，双手持篮球并将其置于身体右侧。球员 B 双脚自然分开，右手持网球，与球员 A 相距 2~3 米面对面站立。

② 球员 A 右手持球，准备向胯下运球，球员 B 手腕下翻，掌心朝下握网球。

③ 球员 A 右手将篮球从胯下运至左手，球员 B 手腕上翻，准备传网球。

④ 球员 A 迅速将篮球从胯下运回右手，在球员 B 将网球传出后，左手接住网球。

运球的中级动作

练习
53

双人带网球运球
练习（背后）

| 重要度 | ★ ★ ★ |
| 难度水平 | ★ ★ ★ ★ |

场地　**不限场地**

简介　双人带网球运球练习（背后）是篮球的持球员将篮球从背后运至另一侧，在辅助球员将网球传出时，再迅速运球并接住网球的一种练习方式。该练习可以增强运球的灵活性。

1

▌ 准备姿势

2

▌ 运球过程 a

4

右手接住从背后传来的篮球，左手接住传来的网球。

▌ 运球过程 c

练习步骤

① 球员 A 与球员 B 双脚分开，膝盖弯曲，球员 A 双手持篮球并将其置于身体右侧，球员 B 右手持网球，与球员 A 相距 2~3 米面对面站立。

② 球员 A 重心下移，右手将球拉到右侧身后。

③ 球员 A 利用手腕的推力，将球向两脚后侧拍击，左手接住从地面上弹起来的球。

练习步骤

④ 左手接到球后，球员 A 迅速将篮球从背后运回右手，在球员 B 将网球传出时，左手准备接网球。

⑤ 球员 A 右手持篮球，左手接住球员 B 传来的网球。

球员 B 右手掌心朝上握住网球。

篮球从两脚之间的落球点经过，运至左手。

3

▌运球过程 b

5

▌运球过程 d

教练提示

练习此动作可以增强运球的灵活性。在运球的过程中双脚始终保持不动，不要低头看篮球，双眼要注视着球员 B 手中的网球，在背后运球的同时随时准备接网球。

第 4 章
运球的高级动作

在篮球比赛中，如果想要在面对对方的严密防守时，也能通过有效的运球来突破防守，就需要熟练掌握运球的高级动作。通过训练保护球的运球技巧、摆脱防守的运球技巧等，球员的运球能力能够得到提升。

運球技术的基本常识

運球的初级动作

運球的中级动作

運球的高级动作

练习 54 绕锥筒体前变向

重要度 ★★★★

难度水平 ★★★★

场地 **不限场地**

简介 绕锥筒体前变向是球员在靠近锥筒时让球在身体前方左右移动的一种技术，常用于过人或变换方向。通过练习，球员可以灵活地掌握运球技巧。

右手向下运球。

▮ 1 准备姿势　　　　　　　▮ 2 运球过程 a

右手传球给左手，呈左弓步。

▮ 3 运球过程 b

▮ 4 运球过程 c

左手向下运球。

▮ 5 运球过程 d

练习步骤

① 双脚分开，膝盖微屈，重心下移，双手持球并将其置于身体右侧。

② 右脚向前迈步，同时右手运球。

③ 左脚向左前方迈步，并将球传至左手。

④ 左臂随着篮球弹起的高度向上抬起并接球。

⑤ 右脚迅速向前迈步，同时左手向下运球，绕过第一个锥筒。

6

▌ 运球过程 e

7

▌ 运球过程 f

8

▌ 运球过程 g

练习步骤

⑥ 在第二个锥筒前，将篮球从左手运至右手。

⑦ 右手持球，向下运球。

⑧ 向上抬起右手接住篮球。

⑨ 右脚向前迈步，左脚向前跟一步，右手运球，绕过第二个锥筒。

⑩ 右脚在前，左脚在后，保持重心下移，右手接球。

右手向下运球。

9

▌ 运球过程 h

10

▌ 运球过程 i

教练提示

球员在场上推进，而对方防守球员阻挡了推进的线路时，常会用到体前变向运球技巧。

运球过程 j

运球过程 k

运球过程 l

左手向下运球。

运球过程 m

运球技术的基本常识

运球的初级动作

运球的中级动作

运球的高级动作

运球的高级动作

练习 55

单手运球转换（右手）

重要度 ★★★
难度水平 ★★★★
场地 不限场地

简介 单手运球转换（右手）是指用右手持球，在锥筒一侧进行运球，使篮球左右移动的练习。此练习可以增强右手的控球能力。

右手向下运球。

1 ■ 准备姿势　　　　　2 ■ 运球过程 a

落球点

3 ■ 运球过程 b　　　　4 ■ 运球过程 c

练习步骤

① 双脚分开，膝盖微屈，重心下移，双手持球并将其置于身体右侧。

② 右脚向前迈步，同时右手持球，向下运球。

③ 右手持球向锥筒左侧移动，手指发力向两脚之间的落球点运球。

④ 右手接球，身体随之向右转，左脚向前迈步，右脚向前跟一步。

知识点

动作节奏

单手运球转换（右手）主要训练右手拍球的球感，是运球的基础训练。右手拍击球的时候，注意不要用手掌触碰球，而是用五指的指腹去碰触球面。用手腕带动手指，进行拍击动作。速度从慢到快。

运球技术的基本常识

运球的初级动作

运球的中级动作

运球的高级动作

5

▌运球过程 d

6

▌运球过程 e

7

▌运球过程 f

落球点

8

▌运球过程 g

9

▌运球过程 h

练习步骤

⑤ 左脚向前迈步，右手继续向下运球。

⑥ 左脚向左侧迈步，右手持球，左手在体前护球。

⑦ 右手持球向锥筒内侧移动，手指发力向两脚之间运球。

⑧ 右手手臂上抬至篮球弹起的高度，接球后，向右转体。

⑨ 右脚向前迈步，右手运球前进。

10

▌运球过程 i

11

▌运球过程 j

落球点

12

▌运球过程 k

13

▌运球过程 l

练习步骤

⑩ 右手持球，左脚向左前方迈步。

⑪ 右手持球向锥筒左侧移动，向两脚之间运球。

⑫ 右手接球后，身体随之向右转。

⑬ 右脚向前迈步，右手在身体右侧运球。

⑭ 右手接球后，保持低重心，继续运球前进。

14

▌运球过程 m

运球技术的基本常识

运球的初级动作

运球的中级动作

运球的高级动作

运球的高级动作

练习 56 单手运球转换（左手）

重要度 ★ ★ ★

难度水平 ★ ★ ★ ★

场地 **不限场地**

简介 单手运球转换（左手）是指用左手持球，在锥筒一侧进行运球，使篮球左右移动的练习。此练习可以增强左手的控球能力。

1 ▌准备姿势

左手向下运球。

2 ▌运球过程 a

3 ▌运球过程 b

4 ▌运球过程 c

5 ▌运球过程 d

练习步骤

① 右脚在前，左脚在后，膝盖微屈，重心下移，双手持球并将其置于身体左侧。

② 左脚向前迈步，同时左手向下运球。

③ 左手持球向锥筒右侧移动，准备向身体左侧运球。

④ 左手接到球后，向左转体。

⑤ 继续向下运球，重心落于两脚之间。

左手向下运球。

6
运球过程 e

运球技术的基本常识

运球的初级动作

运球的中级动作

运球的高级动作

练习步骤

⑥ 右脚向前迈步，同时左手在体前运球。

⑦ 左脚向前迈步，左手向下运球。

⑧ 左手接住从地面上弹起的篮球。

⑨ 左手持球向锥筒右侧移动，准备向身体左侧运球。

⑩ 左手接到球后，右脚向前迈步，同时向左转体。

7
运球过程 f

8
运球过程 g

左手持球，向锥筒右侧移动。

9
运球过程 h

左手接住从地面弹起的球。

落球点

10
运球过程 i

教练提示

左手拍击球的时候，注意不要用手掌触碰球，球的落点要始终在左脚的前方。

运球技术的基本常识

运球的初级动作

运球的中级动作

运球的高级动作

11

▌运球过程 j

12

▌运球过程 k

13

▌运球过程 l

左手接住
从地面弹
起的球。

落球点

14

▌运球过程 m

15

▌运球过程 n

练习步骤

⑪~⑫ 左脚向前方迈步，左手在体前保持低重心运球。

⑬ 左手持球向锥筒右侧移动，身体随之右转，向身体左侧运球。

⑭ 左手接球后，右脚向前迈步，同时向左转体。

⑮ 保持低重心，运球前时，绕过第三个锥筒。

运球的高级动作

练习 57

从一次运球向单手运球转换（右手）

重要度 ★★★
难度水平 ★★★★
场地 **不限场地**

简介 从一次运球向单手运球转换（右手）是单独用右手向左、向右运球，然后向前运球一次再做短暂停顿，接着继续绕锥筒向左、向右运球，重复以上动作的练习。

1 准备姿势

2 运球过程 a

右手持球，在体前运球。
3 运球过程 b

4 运球过程 c

练习步骤

① 左脚在前，右脚在后，膝盖微屈，重心下移，双手持球并将其置于身体右侧。

② 右脚向前迈步，左脚向前跟一步，同时右手持球，向锥筒左侧运球。

③～④ 运球前进，绕过第一个锥筒后做短暂停顿。

⑤～⑥ 左脚向前迈步，右脚向前跟一步，将球运向锥筒右侧，靠近第二个锥筒。

绕过第一个锥筒后向右前方运球。
5 运球过程 d

教练提示

在用右手运球时，右手拍击的速度由慢到快。用手腕带动手指，五指的指腹碰触球面，注意不要用手掌触碰球。

练习步骤

⑦ 做短暂停留，然后保持低重心运球。

⑧ 左脚向前迈步，绕过第二个锥筒。

⑨ 左脚向前迈步，向锥筒左侧运球。

⑩ ～ ⑪ 向前运球，绕过第三个锥筒。

6

▌运球过程 e

7

▌运球过程 f

8

▌运球过程 g

9

▌运球过程 h

10

▌运球过程 i

11

▌运球过程 j

运球的高级动作

重要度 ★ ★ ★
难度水平 ★ ★ ★ ★
场地 **不限场地**

练习 58

从一次运球向单手运球转换（左手）

简介 和上一个练习一样，只是本练习用左手来运球。单独用左手向左、向右运球，然后向前运球一次再做短暂停顿，接着继续绕锥筒向左、向右运球，重复以上动作。

1 准备姿势

向右前方运球，靠近第一个锥筒。

2 运球过程 a

3 运球过程 b

用手腕带动手指进行拍击。

4 运球过程 c

5 运球过程 d

练习步骤

① 右脚在前，左脚在后，膝盖微屈，双手持球并将其置于身体左侧，目视前方。

②～③ 左脚向前迈步，右脚向前跟一步，左手持球，向右运球，靠近第一个锥筒。

④～⑦ 做短暂停顿。接着右脚向前迈步，向左运球，靠近第二个锥筒。

⑧～⑨ 左脚向右前方迈步，同时身体向右转，右脚向前迈步，向右运球，绕过第二个锥筒。

⑩～⑪ 向前运球并做短暂停顿，接着左脚迈出一大步，向左运球，绕过第三个锥筒。

绕过第一个锥筒后向左前方运球。

6 ▋运球过程 e

7 ▋运球过程 f

8 ▋运球过程 g

9 ▋运球过程 h

10 ▋运球过程 i

11 ▋运球过程 j

运球的高级动作

练习 59

双球单手运球（右手）

重要度 ★ ★ ★

难度水平 ★ ★ ★ ★

场地 **不限场地**

简介 ▸ 双球单手运球（右手）练习的目的是让球员右手掌握运球技巧，在没有左手的防护时，也可以熟练地运球。

■ 准备姿势

右手向下运球。

■ 运球过程 a

练习步骤

① 左脚在前，右脚在后，膝盖微屈，重心下移，双手掌心朝上，各持一个篮球并将球置于身体两侧。

② 右手手腕下翻，在身体右侧运球。

③ 接着右脚向前迈步，左脚向前跟一步，运球前进。

④ ~ ⑤ 左脚在前，右脚在后，准备向左侧转体，右手向下运球。

左脚向前迈步。

■ 运球过程 b

■ 运球过程 c

■ 运球过程 d

绕过第一个锥
筒后向左前方
运球。

6

| 运球过程 e

练习步骤

⑥ 右手接球后，右脚向前迈步，同时身体向左侧转。

⑦ 右脚在前，左脚在后，右手向下运球。

⑧ 右手接住从地面上弹起的篮球。

⑨ 左脚向前迈出一大步，同时身体向右侧转。

⑩ 呈左弓步姿势，保持低重心运球。

右手向下
运球。

7

| 运球过程 f

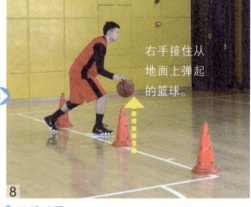

右手接住从
地面上弹起
的篮球。

8

| 运球过程 g

9

| 运球过程 h

10

| 运球过程 i

右手向下运球。

11

▍运球过程 j

12

▍运球过程 k

练习步骤

⑪ 右脚向前迈步，右手向下运球，左手的篮球保持不动，绕过第二个锥筒。

⑫ 左脚向前迈步，呈左弓步姿势。

⑬ 保持低重心，右手持球，向下运球。

13

▍运球过程 l

知识点

右手控球

这项练习能够训练球员右手的控球能力和对防守迅速做出反应的能力，以及帮助球员养成运球时抬头目视前方的习惯。

运球技术的基本常识

运球的初级动作

运球的中级动作

运球的高级动作

运球的高级动作

练习
60

双球单手运球（左手）

重要度　★★★
难度水平　★★★★

场地　不限场地

简介 双球单手运球（左手）练习的目的是让球员在没有右手的防护时，用左手也能熟练地运球。

1

准备姿势

练习步骤

① 双脚分开至与肩同宽，膝盖微屈，双手各持一个篮球并将球置于身体两侧。

② 左脚向前迈步，同时左手向下运球。

③ 右脚向前迈步，右手掌心朝上持球，左手掌心朝下准备运球。

④ 重心下移，右脚在前，左脚在后，左手向体前运球。

左手向下运球。

2

运球过程 a

3

运球过程 b

右脚向前迈步。

4

运球过程 c

注：该练习的参考视频是从左侧开始运球的，在练习中练习者应从两个方向兼顾练习。

5

▋运球过程 d

左手向下运球。

6

▋运球过程 e

练习步骤

⑤ 左脚在前，右脚在后，呈左弓步姿势。

⑥ 左手持球，向下运球。

⑦ 左手接球，右脚向前迈步。

⑧ 呈右弓步姿势，重心下移，左手在体前运球。

⑨ 向右转体，同时运球前进。

左手在接球的同时，右脚向前迈步。

7

▋运球过程 f

8

▋运球过程 g

9

▋运球过程 h

左手向下运球。

10

运球过程 i

练习步骤

⑩ 左脚向前迈步，左手继续向下运球。

⑪ 右脚向左前方迈步，同时向左转体。

⑫ 右脚在前，左脚在后，左手在体前运球。

⑬ 保持低重心，左手接住从地面上弹起的篮球。

11

运球过程 j

12

运球过程 k

左手接住从地面上弹起的篮球。

13

运球过程 l

运球技术的基本常识

运球的初级动作

运球的中级动作

运球的高级动作

练习 61 双球单手运球转换（右手）

重要度 ★ ★ ★

难度水平 ★ ★ ★ ★

场地 **不限场地**

简介 双球单手运球转换（右手）需要一人持两个篮球进行绕锥筒练习。球员左手的球保持不动，用右手进行左右运球转换，能够使球员更好地掌握控球技巧。

1
■ 准备姿势

练习步骤

① 左脚在前，右脚在后，膝盖微屈，双手掌心朝上，各持一个篮球，并将球置于身体两侧。

② 右脚向前迈步，同时右手向下运球。

③ 重心下移，右手将球运向锥筒左侧，身体随之左转。

④ 右手将球沿原路运回。

右手向下运球。

2
■ 运球过程 a

3
■ 运球过程 b

4
■ 运球过程 c

运球技术的基本常识

运球的初级动作

运球的中级动作

运球的高级动作

运球技术的基本常识

运球的初级动作

运球的中级动作

运球的高级动作

右手接球。

落球点

5

运球过程 d

6

运球过程 e

7

运球过程 f

右手持球，使篮球向锥筒左侧移动。

8

运球过程 g

右手根据篮球弹起的高度向上抬起。

落球点

9

运球过程 h

练习步骤

⑤ 右手在身体右侧接球。

⑥ 右转向前运球，绕过第一个锥筒。

⑦ 绕过第一个锥筒后，右手向锥筒左侧运球。

⑧ 右手向锥筒右侧运球。

⑨ 右手接球，身体回转。

教练提示

注意运球的过程中始终是右手运球，左手保持不动，不要低头看球。

10

▎运球过程 i

11

▎运球过程 j

12

▎运球过程 k

13

▎运球过程 l

右手接住从地面弹起的球。

落球点

14

▎运球过程 m

练习步骤

⑩ 左脚向前迈步，右手运球，靠近第二个锥筒。

⑪ 右手接球后准备向锥筒左侧运球。

⑫ 右手向锥筒左侧运球，身体随之左转。

⑬ 将球沿原路运回。

⑭ 接球后身体回转，绕过第二个锥筒。

15

▌运球过程 n

右手向下
运球。

16

▌运球过程 o

17

▌运球过程 p

练习步骤

⑮ 继续向前运球，靠近第三
个锥筒。

⑯ 右手保持运球。

⑰ 一边运球，一边向左转体。

⑱ 一边继续用右手运球，
一边绕过第三个锥筒。

右手运球。

18

▌运球过程 q

知识点

动作节奏

双手持球，右手向下运
球，左手将篮球置于身体
左侧，保持不动。注意控
制右手运球时的节奏，保
持平稳。

117

运球的高级动作

练习 62

双球单手运球转换（左手）

简介 双球单手运球转换（左手）是一人持两个篮球所进行的绕锥筒练习。用左手进行双球单手运球训练，能够使球员更好地掌握左手控球技巧。右手的球应保持不动。

重要度 ★★★
难度水平 ★★★★
场地 不限场地

1 准备姿势

左手向下运球。
2 运球过程 a

3 运球过程 b

4 运球过程 c

练习步骤

① 右脚在前，左脚在后，膝盖微屈，双手掌心朝上各持一个篮球，置于身体两侧。

② 左手运球，向第一个锥筒靠近。

③ 在锥筒前继续运球。

④ 继续在原地运球，做好左右运球的准备。

教练提示
即使是双手持球，运球的过程中不看球也是基本原则。另外，运球时还需要控制力度，防止篮球弹起过高。

5
运球过程 d

6
运球过程 e

左手接住从地面弹起的球。

落球点

7
运球过程 f

用手腕带动手指发力向下运球。

8
运球过程 g

9
运球过程 h

练习步骤

⑤ ~ ⑥ 左手持球，将球运向锥筒右侧，再沿原路运回。

⑦ 左手接球后，继续向前运球，绕过第一个锥筒。

⑧ ~ ⑨ 在第一、第二个锥筒之间原地运球，做好左右运球准备。

运球过程 i

左手接住
从地面弹
起的球。

落球点

运球过程 j

练习步骤

⑩ 左手持球，向锥筒右侧运球，身体随之右转，重心右移。

⑪ 左手接球后，身体向左转，沿原路将球运回。

⑫ 继续运球前进，绕过第二个锥筒，向第三个锥筒靠近。

⑬ 继续向前运球。

⑭ 左手持球，将球运向锥筒右侧，再沿原路运回。

运球过程 k

运球过程 l

运球过程 m

15

▍运球过程 n

16

▍运球过程 o

左手向下运球。

17

▍运球过程 p

18

▍运球过程 q

19

▍运球过程 r

练习步骤

⑮ 左手接球后，身体向左转，向前运球。

⑯ 继续向前一边运球，一边准备向右转体。

⑰ 绕过第三个锥筒，向右边运球边转体。

⑱~⑲ 继续运球前进。

注：该训练的参考视频中为连贯动作，在练习时可参考步骤17~19绕过第三个锥筒后转身继续运球回到起点。

运球的高级动作

练习 63

双球单手身后运球（右手）

重要度 ★ ★ ★

难度水平 ★ ★ ★ ★

🏀 **场地** 不限场地

简介 双球单手身后运球（右手）是一人持两个篮球所进行的绕锥筒练习。难度系数较高，练习时用右手的篮球进行身后运球训练，左手的球保持不动。

1 ▍准备姿势　　　　　　2 ▍运球过程 a

3 ▍运球过程 b　　　　　　4 ▍运球过程 c

练习步骤

① 左脚在前，右脚在后，膝盖微屈，重心下移，双手掌心朝上，各持一个篮球并置其于胸前两侧。

② 右脚向前迈一步，左手不动，右手手腕下翻，在身体右侧运球。

③～④ 一边向第一个锥筒靠近，右手一边运球。

注：该练习的参考视频是从另一侧开始运球的，在练习中练习者应从两个方向兼顾练习。

篮球从身后经过运动到左侧。

5 运球过程 d

右手接住从地面弹起的球。

落球点

6 运球过程 e

练习步骤

⑤ 左脚向前迈步，右手利用腕力向下拨篮球，使篮球从身后穿过。

⑥ 迅速向左侧转体，重心前移，右手赶在篮球弹起时接球。

⑦~⑧ 一边运球，一边向锥筒左侧前进。

7 运球过程 f

8 运球过程 g

练习步骤

⑨ 在第二个锥筒左侧，将球向身体后侧移动，做好背后运球的准备。

⑩ 左脚在前，右脚在后，手腕发力向下拨篮球，使篮球从身后穿过。

⑪ 向左侧转体，右手接球。

⑫ 右脚向右前方迈步，右手在身体右侧运球。

▌ 运球过程 h

▌ 运球过程 i

右手接住从地面弹起的球。

▌ 运球过程 j

▌ 运球过程 k

13

▌运球过程 l

14

▌运球过程 m

落球点

练习步骤

⑬ 左脚向前迈步，右手将球拉到身后，手腕发力向下拨篮球，使篮球从身后穿过，同时右脚向前跟一步。

⑭ 右脚向左前方迈步，身体随之转动，右手接球。

⑮ 右手持球，向下运球。注意不要低头看球。

15

▌运球过程 n

右手向下运球。

教练提示

右手向左侧运球的过程中，右手将球拉到右侧身后，用手腕力量向左侧推按篮球，注意运球的位置不要离身体太远。

运球的高级动作

双球单手身后运球（左手）

重要度 ★ ★ ★

难度水平 ★ ★ ★ ★

场地 **不限场地**

简介 双球单手身后运球（左手）需要球员双手各持一个篮球，让右手的球保持不动，用左手的球进行身后的绕锥筒运球练习。

1

准备姿势

练习步骤

① 右脚在前，左脚在后，膝盖微屈，重心下移，双手掌心朝上，各持一个篮球并将其置于身体两侧。

②～③ 双脚交替向前迈步，同时左手手腕下翻，向下运球。

④～⑤ 左手将球拉到身后。利用腕力在身后向下拨篮球。

2

运球过程 a

左手向下运球。

3

运球过程 b

4

运球过程 c

5

运球过程 d

运球技术的基本常识

运球的初级动作

运球的中级动作

运球的高级动作

左手接住从地面上弹起的篮球。

6

运球过程 e

7

运球过程 f

8

运球过程 g

9

运球过程 h

10

运球过程 i

练习步骤

⑥ 迅速向右侧转体，左手接球。

⑦ 左脚向前迈步，左手向下运球。

⑧ 右脚向前迈步，左手向前运球。

⑨ 左手持球，准备向身后运球。

⑩ 左手接住从地面上弹起的篮球。

11

▌运球过程 j

12

▌运球过程 k

练习步骤

⑪ 左脚向前迈步，左手将
　球拉到身后。

⑫ 利用腕力向下拨篮球，
　使篮球从身后穿过。

⑬ 转身用左手接球后，左
　脚向前迈步。

⑭ 右脚向右前方迈步，左
　手向下运球。

⑮ 保持重心下移，继续运
　球前进。

13

▌运球过程 l

14

▌运球过程 m

15

▌运球过程 n

16

▍运球过程 o

17

▍运球过程 p

18

▍运球过程 q

左手五指张开，用指腹的力量抓牢篮球，不要用掌心贴住球面。

左手向下运球。

19

▍运球过程 r

练习步骤

⑯ 左手接球后，向左侧转体。

⑰ 右脚向前迈出一步，左手向下运球。

⑱ 左脚向前迈步，呈左弓步姿势。

⑲ 保持低重心，左手向下运球。

重要度	★ ★ ★
难度水平	★ ★ ★ ★ ★

练习 65

双球双手交替胯下运球

场地 **不限场地**

简介 双球双手交替胯下运球是一名球员双手各持一个篮球，左右手交替从胯下运球的练习。注意运球时动作要迅速，篮球不要碰到腿。

1 ▌准备姿势

2 ▌运球过程 a

3 ▌运球过程 b

4 ▌运球过程 c

篮球从胯下经过，被运至右手。

练习步骤

① 双脚分开，两脚间距比肩宽，膝盖微屈，重心下移，双臂屈肘，双手掌心朝上，各持一个篮球并将球置于身体两侧，目视前方。

② 左脚向前迈步，呈左弓步姿势，左手在身体左侧运球。

③ 右脚向前迈一步，同时左手利用腕力向下拨篮球，使篮球从胯下穿过。

④ 迅速将右手的篮球移至左手，然后用右手接住弹起的篮球。

运球技术的基本常识

运球的初级动作

运球的中级动作

运球的高级动作

练习步骤

⑤ 右脚在前，左脚在后，右手接球后，在身体右侧运球。

⑥ 左脚向前迈步，同时右手向胯下拨篮球。

⑦ 迅速将左手的篮球移至右手，然后用左手接球后在身体左侧运球。

⑧ 右脚向右前方迈步，同时左手向胯下拨篮球。

⑨ 迅速将右手的篮球移至左手，然后用右手接住弹起的篮球。

■ 运球过程 d

■ 运球过程 e

■ 运球过程 f

■ 运球过程 g

■ 运球过程 h

运球的高级动作

练习 66

双球单手转身运球（右手）

重要度 ★ ★ ★

难度水平 ★ ★ ★ ★

场地 **不限场地**

简介 此练习是一人持两个篮球所进行的绕锥筒练习，左手的球保持不动，用右手运球的同时快速转身。此练习可以使球员在比赛中快速突破防守。

1 ▌准备姿势

右手向下运球。

2 ▌运球过程 a

身体向右后方转动。

3 ▌运球过程 b

继续向右后方转身。

4 ▌运球过程 c

练习步骤

① 左脚在前，右脚在后，膝盖微屈，重心下移，双手掌心朝上，各持一个篮球置于胸前。

② 左脚向前迈步，同时右手向下运球。

③ 以左脚为轴，身体向右后方转动。

④ 继续向右后方转动，篮球随着身体移动。

⑤ 转身后，右脚在前，左脚在后，右手运球。

5 ▌运球过程 d

运球技术的基本常识

运球的初级动作

运球的中级动作

运球的高级动作

向右后方转身。

6
▌运球过程 e

7
▌运球过程 f

身体向右后方转动。

8
▌运球过程 g

继续向右后方转身。

9
▌运球过程 h

右手向下运球。

10
▌运球过程 i

练习步骤

⑥ 以左脚为轴，向右后方转身。

⑦ 身体向右后方转身后，左脚向前跟一步，右手向下运球。

⑧ 以左脚为轴，身体向右后方转动。

⑨ 继续向右后方转身，同时左脚向前迈步。

⑩ 转身后，呈左弓步姿势，右手向下运球。

向右后方
转身。

11 运球过程 j

12 运球过程 k

练习步骤

⑪ 以左脚为轴，向右后方转身。

⑫ 转身后，右脚在前，左脚在后，右手向下运球。

⑬ 保持低重心，左脚向前迈出一步，运球前进。

13 运球过程 l

运球技术的基本常识

运球的初级动作

运球的中级动作

运球的高级动作

运球技术的基本常识

运球的初级动作

运球的中级动作

运球的高级动作

运球的高级动作

练习 67

双球单手转身运球（左手）

重要度 ★★★
难度水平 ★★★★
场地 **不限场地**

简介 双球单手转身运球（左手）要求用左手运球的同时快速转身，右手的球保持不动。此练习可以使球员在比赛中快速突破防守。

左手向下运球。

▌1 准备姿势

▌2 运球过程 a

篮球随着身体向左后方移动。

▌3 运球过程 b

转体同时向下运球。

▌4 运球过程 c

练习步骤

① 右脚在前，左脚在后，膝盖微屈，重心下移，双手掌心朝上，各持一个篮球并将其置于胸前。

② 双脚交替向前迈步，同时左手运球前进。

③ 以右脚为轴，身体向左后方转动。

④ 继续向左后方转身后，左脚在前，右脚在后，左手向下运球。

知识点

动作要点

转身时要以右脚为轴向后转，双脚旋转的半径要小且速度要快，右脚尽量不靠近左脚。左手伸直，带着篮球同步移动。

⑤ 身体以右脚为轴向左后方转动。

⑥ 转身后，左脚在前，右脚在后，左手向下运球。

⑦ 右脚向前迈步，运球前进。

⑧ 以右脚为轴，身体向左后方转动。

⑨ 转身后，左脚在前，右脚在后，左手向下运球。

身体向左后方转动。

▌运球过程 d

▌运球过程 e

右脚跟着向前迈步。

▌运球过程 f

身体向左后方转动。

▌运球过程 g

转体后，左手向下运球。

▌运球过程 h

运球技术的基本常识

运球的初级动作

运球的中级动作

运球的高级动作

运球技术的基本常识

运球的初级动作

运球的中级动作

运球的高级动作

10

■ 运球过程 i

11

■ 运球过程 j

练习步骤

⑩ 右脚向前迈出一步。

⑪ 右脚落地后，保持低重心，左手向下运球。

| 重要度 | ★ ★ ★ ★ |
| 难度水平 | ★ ★ ★ ★ |

练习 68

突破两个防守球员

场地　**不限场地**

简介　突破两个防守球员练习是通过使用迅速、灵敏的运球方式，避开阻拦的两个防守球员的练习。球员可以在遇到两个或两个以上的防守球员时使用。

1
■ 准备姿势

2
■ 运球过程 a

3
■ 运球过程 b

练习步骤

① 右脚在前，左脚在后，双脚间距略比肩宽，膝盖微屈，重心下移，双手持球并将其置于体前。

② 左脚向前迈出一大步，呈左弓步姿势，同时右手向下运球。

③ 右手接住从地面上弹起的篮球。

知识点

动作节奏

可以把两个锥筒看作两名防守球员。注意第一步的步幅要大，重心向前移。身体略微前倾，保持背部挺直。

运球技术的基本常识

运球的初级动作

运球的中级动作

运球的高级动作

4

运球过程 c

5

运球过程 d

④ 右脚向前迈步，同时右手迅速将篮球向身前运，左手在另一侧护球。

⑤ 右手接球后，扰乱对方防守球员的判断。

⑥ 右脚向前迈出一大步，呈右弓步姿势，右手持球，突破两个防守。

⑦ 右手向下运球，保持速度，甩开对方防守球员。

右脚突然向后撤，是为了打破对方防守球员的计划，动作要快。

右脚迅速向前迈步，突破防守。

6

运球过程 e

右手向下运球。

7

运球过程 f

运球的高级动作

练习
69

山姆高德突破运球

| 重要度 | ★★★★ |
| 难度水平 | ★★★★★ |

 场地　**不限场地**

简介　山姆高德突破运球是遇到两名或两名以上的防守球员阻拦时，通过左右手转换来突破防守的一种运球方式。此方式可以有效避开阻拦的防守球员。

1　准备姿势

2　运球过程 a

左手在身体左侧向下运球。

3　运球过程 b

左手接住从地面弹起的篮球。

4　运球过程 c

练习步骤

① 双脚分开至与肩同宽，重心下移，双手持球并将其置于身体右侧。两个锥筒相当于防守球员。

② 左脚向前迈出一步，左手持球，右手抬起并在体前护球。

③ 左手在身体左侧向下运球。

④ 左手接住从地面上弹起的篮球。

教练提示

注意在身体左侧运球时，拍球的力度不要过大，右手接球时速度一定要快。迈出的步幅要大，不能低头看球。

练习步骤

⑤ 左手向身体左侧运球，右手向前伸并接球。

⑥ 右手将篮球运至右侧，保持低重心，向下运球。

⑦~⑧ 右手接住从地面上弹起的球后，右脚迅速向前迈步。

⑨ 右手持球，向下运球，进行突破。

⑩ 左脚向前迈一步，同时将球运至左手，保持速度，甩开对方防守球员。

5 左手在体前向右手运球。

▌运球过程 d

6

▌运球过程 e

7

▌运球过程 f

8 右脚迅速向前迈步，突破防守。

▌运球过程 g

9

▌运球过程 h

10

▌运球过程 i

运球的高级动作

练习 70

一次运球后的 跳投（突破中投）

重要度 ★★★★

难度水平 ★★★★★

场地 半场

简介 在持球面对对方防守球员时，可以使用一次运球后紧接着投篮的方法。此方法可通过最少的运球次数进行投篮，因此在比赛中经常运用。

1 ▎准备姿势

2 ▎运球过程 a

手臂上抬，将篮球置于头顶。

双腿屈膝下蹲。

3 ▎运球过程 b

左手向下运球。

4 ▎运球过程 c

练习步骤

① 两人一组进行训练，球员 A 与防守球员 B 双脚分开，膝盖弯曲，重心下移。球员 A 双手持球，并将其置于身体右侧，面向防守球员 B 站立，防守球员 B 双臂张开进行阻拦。

② 球员 A 将篮球移至身体左侧，同时向左转体，防守球员 B 右脚向前迈步，并向右转体进行阻拦。

③ 球员 A 使用投篮的假动作，扰乱防守球员 B 的判断。防守球员 B 重心上移，双脚脚尖点地，右手臂上抬进行拦截。

④ 球员 A 右脚迅速向前迈步，同时左手持球，向下运球。

5

■ 运球过程 d

6

■ 投篮姿势

练习步骤

⑤ 球员 A 左脚向前迈步，同时向左侧转体，迅速甩开防守球员 B。停稳，两脚脚尖正对篮筐。

⑥ 双腿发力向正上方跳跃，在跳到最高点时向前笔直地投出篮球。

起跳时注意保持身体平衡，双脚落下后自然会在起跳时的位置。